두근두근
진로
이야기

참 교육으로의 회복! 진로(進路)가 진로(眞路)다!

두근두근
진로
이야기

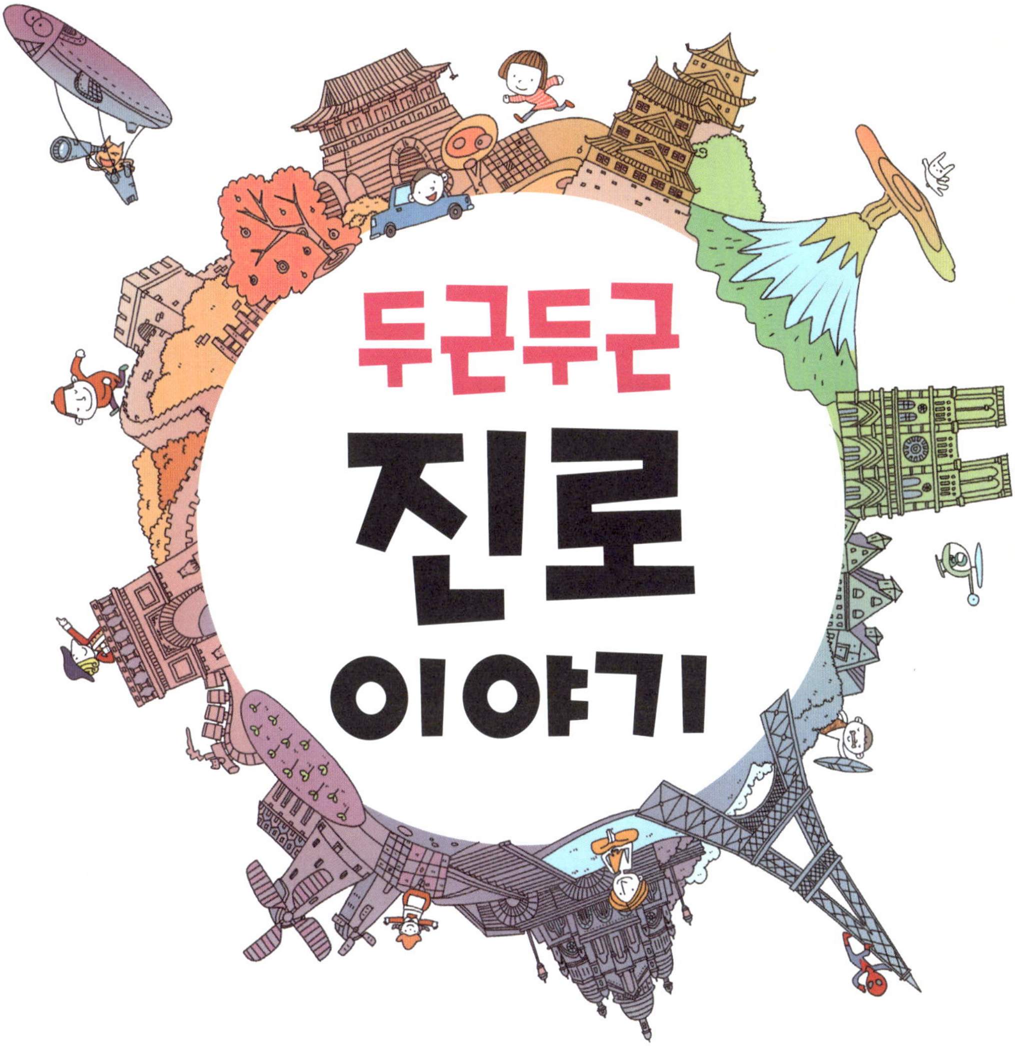

K STEAM Edu
한국융합인재교육원 지음
Korea ShareTalent Experience with All Members Edu

차례

우리 앞에는 수많은 길이 펼쳐져 있어요.

넓은 길, 좁은 길, 가야할 길, 가지 말아야 할 길 그리고 갈림길, 사색이 필요한 오솔길, 분주한 등굣길과 출근길 등…

여러 길을 앞에 두고 때로는 주저하기도 하고, 선뜻 나서기도 하며, 어느 길로 가야 할지 끊임없이 고민하게 되죠.

프로스트는 '가지 않은 길'에 대한 시를 남겼습니다.

성경에는 '마땅히 행할 길을 아이에게 가르치라(잠언 22:6)'는 구절이 있어요.

그리고 공자는 '군자는 대로행(大路行)이라, 큰 길로 다니라.'고 말했죠.

예로부터 지혜로운 사람들도 어느 길로 가야하며, 가지 않은 길에는 무엇이 기다리는지 알고자 했습니다. 또한 마땅히 행할 길은 무엇이고, 큰 길은 무엇을 의미하는지 깊이 생각했습니다.

진로는 우리가 평생 나아가야 할 길입니다.

모든 사람들이 삶에 중요한 일을 결정함에 있어서 항상 고민하는 일이 모두 진로에 관한 일이랍니다.

수많은 가능성이 잠재되어 있는 아이들의 진로는 더욱 다양합니다.

게다가 그들의 진로에는 디딤돌도 있고 걸림돌도 있습니다.

고민하는 아이들에게 하나씩 걸음을 놓을 길을 마련하는 마음으로 진로수업을 해야겠지요?

두근두근! 밝게 빛나는 아이들의 미래를 생각하면 가슴이 떨려옵니다.

Do 近 Do 近! 고민하고 행동하면서 꿈에 다가갈 테니까요.

진로(進路)에 대한 고민이 참다운 삶의 시작이 됩니다.

진로(進路)가 진로(眞路)입니다.

한국융합인재교육원 연구진
K STEAM Edu
Korea ShareTalent Experience with All Members Edu

김경미 · 류경신 · 이강석 · 이남현 · 이성옥(가나다순)

제1장

진로(進路)가 진로(眞路)다!

● ● ● ● ● ● **학습 목표** ● ● ● ● ●

1. 진로의 참의미를 알 수 있다.
2. 꿈을 향한 진로설정의 중요성을 알 수 있다.

◉ 마라톤에서 1등을 제외하고 5,000여 명이 모두 탈락했습니다. 탈락한 이유는 무엇일까요?

* 2013년 영국에서 열린 마라톤 대회에서 우승자를 제외한 전원이 실격되는 사건이 발생

생각해보기

1. 진로의 참의미

1) 진로(進路)의 사전적 의미
① 진로(進路) : 앞으로 나아가는 길, 평생 나아갈 길
② 진로(career) : 한 개인이 평생 일과 관련해서 경험하고 거쳐 가는 모든 체험

2) 진로교육이 진로(참 길, 眞路)인 이유
① 평생의 참교육, 참길

"모든 교육은 진로교육이다. 만약에 그렇지 않다면 그렇게 되도록 해야만 한다."
- 고려대 교육학과 홍후조 교수

"한국에서 가장 이해하기 힘든 것은 교육이 정반대로 가고 있다는 것이다. 한국 학생들은 하루 10시간 이상을 학교와 학원에서 자신들이 살아갈 미래에 필요하지 않은 지식을 배우기 위해, 그리고 존재하지도 않는 직업을 위해 아까운 시간을 허비하고 있다. 아침 일찍 시작해 밤늦게 끝나는 지금 한국의 교육 제도는 산업화 시대의 인력을 만들어내기 위한 것이다." - 엘빈 토플러

② 인생 전반의 진학, 직업, 꿈 등을 구체화하는 참 교육
③ 꿈을 찾아가는 여정

3) 꿈
① 삶의 방향, 의미 있는 삶
- '무엇이 되기보다 어떻게 사느냐를 생각하는 가치의 삶'
② 꿈 ≠ 직업
③ 꿈 너머 꿈

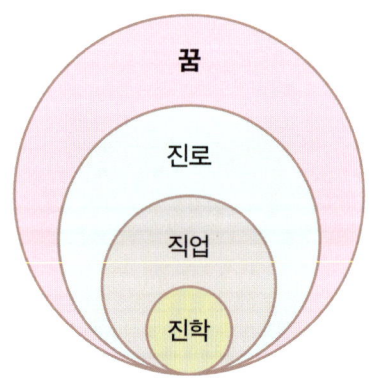

2. 꿈과 진로설정

1) 꿈을 이루기 위한 방향 찾기, 진로

⦿ 누가 승자가 될까요?

    ① 시속 8km 자전거

    ② 시속 100km 자동차

    ③ 시속 300km KTX

    생각해보기

* 우리의 삶은 속도보다 방향을 아는 것이 중요합니다 !!!

2) 나로부터 시작하는 진로

⦿ 누구일까요 -1? _____

키 : 158.7

건국대학원 건축학과 석사 과정(가족과 이웃을 위해 집을 짓는 것이 꿈)

무술 실력이 뛰어나 덤블링 및 각종 액션 동작 가능

개그맨 공채에 7회 연속 탈락.

꿈 : 한국의 찰리 채플린

저서 : 집, 꿈꾸다, 짓다, 살다 / 꿈이 있는 거북이는 지치지 않습니다.

⦿ 누구일까요 -2? _____

중학교 시절 어느 날, 지루한 수업분위기를 깨기 위해 선생님이 아이들에게 물었다. "너희는 꿈이 뭐니?" 그는 망설임 없이 자리에서 일어나 외쳤다. "제 가슴 속은 미켈란젤로나 라파엘로 같은 위대한 예술가가 되겠다는 생각으로 가득 차 있습니다." 누구에게도 관심 받지 못하고, 내성적이었던 그는 적어도 자신의 '꿈'을 말하는 것에서만큼은 당당하고 자신감이 넘쳤던 것이다.

생각하는 사람, 지옥의 문, 입맞춤 등

수많은 걸작을 탄생시킨 위대한 조각가 _____.

* 지피지기 백전불태(知彼知己 百戰不殆)

  상대를 알고 나를 알면 백 번 싸워도 위태롭지 않다.

  진로설정의 시작이며, 가장 중요한 것은 자기이해입니다.

제2장

흥미를 알아야 흥한다. Ⅰ

• • • • • 학습 목표 • • • • •

1. 흥미의 의미와 흥미가 진로에 중요한 영향을 미치는 것을 안다.
2. 흥미 6가지 유형과 그 특징을 이해할 수 있다.
3. 홀랜드 흥미 검사를 통해 자신의 흥미 유형을 알 수 있다.

1. 흥미의 의미

1) 흥미와 직업흥미

- 흥미 : 어떤 대상이나 활동에 대한 관심, 좋아하고 즐기는 마음

- 직업흥미 : 특정 직업과 활동에 호의적이고 수용적인 관심과 태도를 갖는 것

> 子曰, 知之者不如好之者, 好之者不如樂之者. (論語, 雍也)
> 자왈, 지지자불여호지자, 호지자불여낙지자. (논어, 옹야편)
>
> – 알기만 하는 사람은 좋아하는 사람만 못하고 좋아하는 사람은 즐기는 사람만
>   못하다.

2) 흥미와 진로의 관계

◉ 좋아하는 일을 선택하면~?!

미국의 스롤리 블로토닉 연구소는 1960년부터 1980년까지 20년 동안 아이비리그 졸업생 1,500명을 대상으로 '직업 선택의 동기에 따른 부의 축적 여부'를 조사했습니다. 총 졸업생의 83%(1245명)는 돈을 잘 버는 직업을 선택, 나머지17%(255명)는 좋아하는 일을 직업으로 선택했다고 합니다. 20년 뒤 졸업생 1,500명 가운데 101명의 백만장자가 나왔습니다. 무엇을 선택한 그룹에서 백만장자가 많이 나왔을까요? 101명 중 두 그룹의 예상 비율을 적어보세요. (SBS 스페셜 '인재전쟁' 2008, 12월)

돈을 잘 버는 직업 선택 : 좋아하는 일 직업 선택

　　　　　　　　명 : 　　　　　　　　명

① 흥미는 직업에 대한 만족감과 지속성을 결정짓는 중요한 역할
② 실질적인 능력, 즉 적성을 더 발달시키는 에너지원

◉ 요즘 좋아하는 것은 무엇인가요? 좋아하는 과목이나 활동은 무엇인가요?

요즘 들어 부쩍 관심가거나 고민하는 것들을 자유롭게 뇌구조 그림에 써 보도록 합시다.

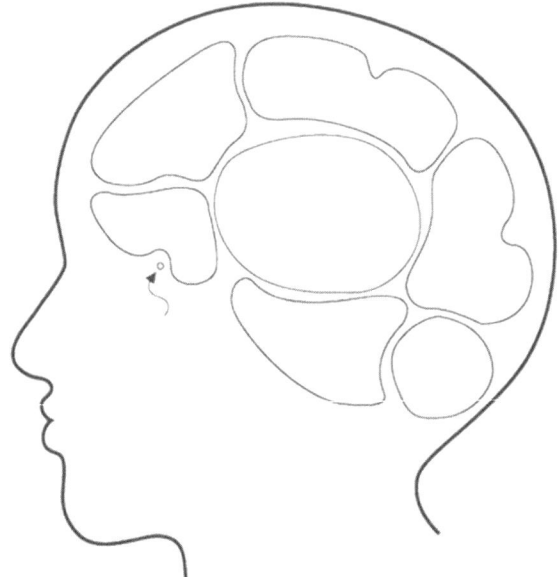

2. 홀랜드(Holland) 흥미 검사

1) 홀랜드 흥미 검사란?

① 진로심리학자인 존 L. 홀랜드의 진로이론

② 개인이 환경에 영향을 미치고, 환경이 개인에게 영향을 주는 상호관계

③ 실재형(R), 탐구형(I), 예술형(A), 사회형(S), 기업형(E), 관습형(C) 등 6가지 유형

④ 한 직업군에 있는 사람들은 유사한 성격과 비슷한 개인사가 있다고 가정함

2) 홀랜드 흥미 검사 실시

커리어넷(www.career.go.kr) → 진로심리검사 → 심리검사 → 직업흥미검사 K, H

*직업흥미검사 K는 초등학생, H는 중·고등학생을 권장함

3) 나의 유형

제 1 유형 (   )   제 2 유형 (   )   제 3 유형 (   )

4) Holland 흥미 6가지 유형

① 실재형(Realistic), 탐구형(Investigative), 예술형(Artistic),

　사회형(Social), 기업형(Enterprising), 관습형(Conventional)

② 6가지 흥미유형의 유형별 특징과 대표직업

진로 유형	특 성	관련직업
R 유형 실재형 (Realistic)	*장난감이나 기구,도구를 가지고 놀기를 좋아한다. *무뚝뚝하고 말이 적은 편이다. *축구, 농구 등의 운동을 잘한다. *집안의 가전제품들에 관심이 많고 고장 나면 나서서 잘 고친다. *조용히 앉아서 지내기보다 뛰어 놀기를 좋아한다.	제과제빵사, 기계설비기사, 방송기사, 프로그래머, 컴퓨터 기사, 조종사

I 유형 탐구형 (Investigative)	*책읽기를 좋아한다. *지적 호기심이 많다. *질문이 많은 사람이다. *집중력이 강하다. *논리적으로 따지기를 잘한다. *혼자 있기를 좋아한다. *대체로 공부를 잘한다. *여러 자료를 탐색해 보고 신중하게 결정 내리기를 좋아한다.	철학자, 수학자, 약사, 교육학자, 생물학자, 수의사, 의사, 번역가
A 유형 예술형 (Artistic)	*예술적인 영역에서 뛰어나다. *엉뚱하고 기발한 생각을 많이 한다. *감정적이고 변덕스럽다. *규칙을 지키는 것이 어렵다. *감정이 예민한 편이다. *간섭받기를 매우 싫어한다. *정확하고 꼼꼼하게 일을 처리하는 것이 어렵다. *다소 산만해 보일 수 있다.	음악평론가, 무용가, 메이크업아티스트, 탤런트, 사진작가, 성우, 에니메이터
S 유형 사회형 (Social)	*따뜻하고 인정이 많고 착한 사람이다. *봉사정신이 강해서 다른 사람을 돕거나 돌보는 일을 좋아한다. *친구들과 어울리기를 좋아하고 친구들이 많다. *타인의 마음을 잘 이해해주는 사람이다. *혼자서 지내기보다 늘 다른 사람과 함께 하려고 한다. *동정심이 많고 다른 사람의 감정에 민감하게 반응한다.	상담교사, 목사, 전문 MC, 아나운서, 피부 미용사
E 유형 기업형 (Enterprising)	*남 앞에 나서기를 좋아한다. *표현력과 리더쉽이 뛰어나다. *경쟁이나 놀이에서 꼭 이겨야 한다. *친구들 사이에서 대장 역할을 하며 활발하게 어울려 논다. *놀이나 모임에서 사회자가 되기를 더 원한다. *다른 사람과 의견, 아이디어를 나누며 토론하여 결정 내리기를 좋아한다. *보상에 민감하다.	기자, 보험판매원, 영업사원, 뮤직비디오 감독, PD, 기업경영인

C 유형 관습형 (Conventional)	*꼼꼼하고 철두철미하여, 좀처럼 실수를 하지 않고 빈틈없는 사람이다. *학교 준비물을 빠뜨리지 않고 가져간다. *공부를 할 때도 계획을 세워 계획대로 진행한다. *용돈을 절약하여 저축을 한다. *맡은 일에 끝까지 책임을 다한다. *좀처럼 지각하지 않는다. *방청소를 깔끔히 잘 한다. *구조화하고 정리하고 마무리 짓는 것을 좋아한다. *한 번에 하나의 과제를 계획한대로 실행하는 것을 좋아한다.	방송스크립터, 회계사, 컴퓨터 게임프로그래머, 정보검색, 공무원

제3장

흥미를 알아야 흥한다. Ⅱ

• • • • • 학습 목표 • • • • •

1. 나의 흥미유형을 정확히 이해하고, 특징을 종합할 수 있다.
2. 주변인물의 흥미유형을 추측, 이해할 수 있다.

★ 들어가기 전에… 영화 '빌리 엘리어트'

좋아하는 일을 방해 받지 않고 계속 할 수 있다는 것은 생각만 해도 멋진 일이에요.

영화 '빌리 엘리어트'를 보았나요?

춤을 추기 위해 좋은 학교로의 진학을 앞두고 면접을 보는 빌리는 아직 나이가 어려 면접 질문에서 말 한 마디 제대로 하지 못했답니다.

면접관C : 마지막 질문 하나만… 묻고 싶은데…

　　　　　네가 춤을 출 때… 어떤 기분이니?

빌리 : 모르겠어요.

그냥 기분이 좋아요. 조금은 어색하기도 하지만…

한 번 시작하면 모든 걸 잊게 되고…. 그리고….

사라져 버려요. 사라져 버리는 것 같아요.

내 몸 전체가 변하는 기분이죠.

마치 몸에 불이라도 붙은 기분이에요.

전 그저… 한 마리의 날고 있는 새가 되죠…

마치 전기처럼….

1. Holland 흥미검사로 본 나의 성격 유형

⊙ 나의 흥미유형과 특징을 2순위까지 작성하고, 두 가지 유형의 특징을 종합하여 나의 성격 유형을 정리해 보세요.

나의 흥미검사 결과와 각 유형별 특징을 서술한 참고자료를 보고, 이해한 것 중에 자신이 생각하는 자신의 특징을 찾아 종합해봅니다. 아래 해당 칸에 적어봅니다.

	1순위( )	2순위( )
특징		
종합		
내가 원하는 직업		검사 결과 제시 직업

2. 홀랜드 활동

◉ 나를 표현하는 것에는 다양한 방법이 있습니다. 내 유형별 특징과 나를 어떤 사물이나 대상으로 비유해 적어보고 무슨 공통점이 있는지 작성바랍니다.

나는 _____ 이다.	
이유는 _____ 때문이다.	
내 유형 _____ 와의 공통점	

※ 가이드북에는 모둠 활동에 관한 사례가 있으니, 기회가 된다면 도전해보세요.

◉ 가족(또는 지인)의 홀랜드 흥미유형을 추측해 보고, 그렇게 생각하는 이유를 적어 보세요. 서로의 유형별 특징을 알게 되면 이해의 폭도 넓어집니다!

관계	추측 흥미 유형	추측이유 / 직업	나와 같은 흥미 분야
			나와 다른 흥미 분야

제4장

적성(다중지능)을 알자

· · · · · 학습 목표 · · · · ·

1. 적성의 의미를 알고, 진로선택 시 적성의 중요성을 알 수 있다.
2. 다중지능 검사로 자신의 적성과 그 특징을 알 수 있다.
3. 자신의 강점지능에 맞는 직업을 알 수 있다.

1. 적성

1) 적성의 의미

① 특정 직업에 대한 각 사람의 적응능력

② 적당한 훈련을 가했을 때 어느 정도 성과를 올릴 것인가에 대한 잠재가능성

③ 주어진 과제에서 한 개인의 성공가능성을 예측해 주는 특성

④ 다른 일에 비해 상대적으로 잘 할 수 있는 능력

2) 적성의 중요성

① 적성은 직업만족도와 지속여부에 영향을 미침

② 개인의 직업성공 가능성 예측의 중요한 지표가 됨

③ 적성의 개발 → 능력 → 역량

3) 적성검사란?

- 특정분야의 교육, 훈련 또는 직업과 관계되는 활동을 성공적으로 예측하기 위해 만들어진 검사

① 개인이 미처 인식하지 못하는 잠재력 발견 가능

② 학업이나 진로를 결정하는데 중요한 정보 제공

③ 개인의 미래 학업이나 직업에서의 성공가능성 예측 가능

④ 개인이 자신의 진로를 위해 어떤 노력을 해야 하는지 알 수 있음

2. 다중지능이론을 활용한 적성검사

- 다중지능이론 : 하버드 대학 교육학과 교수인 가드너 박사가 주창한 지능이론

- 지능의 정의 : 문제를 해결하고 새롭고 가치 있는 것을 만들어 내는 능력

1) 다중지능이론의 핵심

① 인간의 지능을 8가지의 영역으로 분류, 모든 개인은 8가지 지능을 모두 소유

② 개인이 지닌 강점지능은 모두 다르며, 모든 지능은 동등함

③ 개인마다 특별히 우수한 강점지능, 보통지능, 상대적으로 약한 지능이 있음

④ 모든 사람은 각각의 지능을 적절한 수준까지 발달시킬 수 있음.

⑤ 각 지능영역 내에서도 그 지능을 향상 시킬 수 있는 많은 방법이 있음

⑥ 8가지 지능들은 여러 가지 방식으로 서로 교류하면서 작용

2) 다중지능 검사의 목적

① 적성발견의 목적 ② 진단의 목적 ③ 예측의 목적 ④ 변별과 조정의 목적

◉ 커리어넷(www.career.go.kr)에서 진로적성검사(다중지능검사)를 해보세요.

회원가입 → 로그인 → 진로자료실 → 왼쪽 카테고리 하단 진로적성검사 → 진로적성검사 시작하기

3) 8가지 다중지능별 특징

지능	특징
언어지능	말하기, 글쓰기 등 언어적 표현에 능숙하고, 타인을 설득하거나 즐겁게 하며, 논쟁하고 가르치기도 함
논리수학지능	수를 좋아하고, 논리적 추론이나 분석에 강하며 추상적인 패턴을 쉽게 분석함. 인과관계로 사고하며, 자료를 쉽게 해석함.
음악지능	소리를 통하여 정보를 처리하고 사고함. 작곡하고 연주하는 능력이 뛰어나고 감정을 음악적으로 잘 표현함. 악기를 다루고 새로운 곡을 창작하고, 감상하는 능력이 뛰어남.
공간지능	새로운 물건을 만들고, 공간배치를 잘 파악하며, 건물이나 건축물, 그림, 조각 등의 이미지 정보처리에 뛰어남. 낯선 곳에서도 길을 잘 찾음.
신체운동지능	몸의 움직임을 익히고 창조하는 신체적 능력이 뛰어나며 촉감과 움직임을 통하여 현상과 사물을 지각함.
대인관계지능	타인을 잘 이해하고 공감하는 능력이 뛰어남. 사람들과 어울리는데 탁월한 능력이 있으며 친구가 많음. 협상, 설득, 정보획득, 상호작용, 정보전달자, 조정의 역할을 잘 함.
자기이해지능	예리한 통찰력으로 자신의 감정과 능력을 잘 인식하고 활용함. 자신의 장점과 단점을 잘 파악하고, 자신의 행동과 감정에 책임을 지며, 반성적 사고를 통해 자신을 심층적으로 이해함
자연친화지능	자연과 환경에 깊은 관심을 가지고 있으며, 자연세계를 쉽게 탐험할 수 있고, 식물, 동물, 암석, 조류 등을 쉽게 인식하고 분류하는 능력이 뛰어남.

* 커리어넷에 추가된 3가지 지능

1. 손 재능 – 손으로 정교한 작업을 할 수 있는 능력

2. 창의력 – 새롭고 독특한 방식으로 문제를 해결하고 아이디어를 내는 능력

3. 예술시각능력 – 선, 색, 공간, 영상 등에 민감하게 반응하고 조화롭게 재구성할
   수 있는 능력

◉ 커리어넷 검사결과 나의 적성과 그 특징은 무엇인지 정리해 보세요.

적성(강점지능)	특징

– 지능별 특징과 관련한 활동을 하면 강점지능은 더 강하게 발달하고, 약점지능은 보완하여 개발할
  수 있음

3. 강점지능에 맞는 직업 찾기

1) 직업만족도와 강점지능의 관계

– 직업에서 만족도가 높은 사람들 : 강점지능에 맞는 진로선택

– 직업만족도가 낮고 이직을 생각하는 사람들 : 강점지능에 맞지 않는 진로선택

성공, 만족한 사람들	관련강점지능	약점지능
가수 윤하	음악지능, 언어지능, 자기이해지능	공간지능
발레리나 박세은	신체운동지능, 대인관계지능, 자기이해지능	논리수학지능

현 직업에 불만인 사람들	관련강점지능	원하는 직업
의대 1년 이**	자기이해지능	방송작가
영어교사 안**	자연친화지능	수의사

- EBS아이의 사생활 4부, 다중지능 편

2) 다중지능별 적합한 직업 지능

지능	적합한 직업
신체운동지능	안무가, 무용가, 엔지니어, 운동선수, 스포츠 해설가, 체육학자, 외과 의사, 공학자, 물리 치료사, 레크리에이션 지도자, 배우, 무용 교사, 체육 교사, 보석 세공인, 군인, 스포츠 에이전트, 경락 마사지사, 발레리나, 산악인, 치어 리더, 경찰, 체육관 관장, 경호원, 뮤지컬 배우, 조각가, 도예가, 사회 체육 지도자, 건축가, 정비 기술자, 카레이서, 파일럿 등
대인관계지능	사회학자, 학교 교장, 정치가, 종교 지도자, 사회 운동가, 웨딩 플래너, 사회 단체 위원, 기업 경영자, 호텔 경영자, 정신과 의사, 카운슬러, 법조인, 배우, 이벤트 사업가, 외교관, 정치가, 호텔리어, 방송 프로듀서, 간호사, 사회 복지사, 교사, 개인 사업가(상업, 중소 기업), 회사원 (인사관련), 영업 사원, 개그맨, 유치원이나 어린이집 교사, 경찰관, 비서, 가정 방문 학습지 교사, 승무원, 판매원, 선교사, 상담원, 마케팅 조사원, 컨설턴트, 펀드 매니저, 교육 사업가, 관광 가이드 등
자기이해지능	신학자, 심리학자, 작가, 발명가, 정신 분석학자, 성직자, 작곡가, 기업가, 예술인, 심리 치료사, 심령술사, 역술인, 자기 인식 훈련 프로그램 지도자 등
자연친화지능	유전 공학자, 식물학자, 생물학자, 수의사, 농화학자, 조류학자, 천문학자, 고고학자, 한의사, 의사, 약사, 환경 운동가, 농장 운영자, 조리사, 동물 조련사, 요리 평론가, 식물도감 제작자, 원예가, 약초 연구가, 화원 경영자, 생명 공학자, 생물 교사, 지구 과학 교사, 동물원 관련 직종 등
언어지능	작가, 사서, 방송인, 기자, 언어학자, 연설가, 변호사, 영업 사원, 정치가, 설교자, 학원 강사, 외교관, 성우, 번역가, 통역사, 문학 평론가, 방송 프로듀서, 판매원, 개그맨, 경영자, 아나운서, 시인, 리포터 등
논리수학지능	엔지니어, 수학자, 물리학자, 과학자, 은행원, 컴퓨터 프로그래머, 구매 대리인, 생활 설계사, 공인 회계사, 회계 감시원, 회사원(경리, 회계 업무), 탐정, 의사, 수학 교사, 과학 교사, 법조인, 정보기관원 등

음악지능	음악가(성악가, 연주가, 작곡가, 지휘자 등), 음악 치료사, 음향 기술자, 음악 평론가, 피아노 조율사, DJ, 가수, 댄서, 음악 교사, 음반 제작자, 영화 음악 작곡가, 반주자, 음악 공연 연출가 등
공간지능	조각가, 항해사, 디자이너(인테리어, 게임, 헤어, 웹, 무대, 컴퓨터 그래픽 등의 분야), 엔지니어, 화가, 건축가, 설계사, 사진사, 파일럿, 코디네이터, 애니메이터, 공예사, 미술 교사, 탐험가, 택시 운전사, 화장품 관련 직업, 동화 작가, 요리사, 외과 의사, 치과 의사, 큐레이터, 서예가, 일러스트레이터 등.

*손재능 – 항공기정비원, 제과사 및 제빵사, 패턴사, 미용사, 전통건축원 등

*창의력 – 광고기획자, 연기자, 패션디자이너, 작가 등

*예술시각능력 – 사진작가, 플로리스트, 애니메이터, 시각디자이너, 파티플래너 등

◉ 커리어넷 검사결과 나의 강점지능에 어울리는 추천직업 중 관심직업(2~3가지)은 무엇인지 정리해 보세요.

주요적성 (강점지능)	추천직업	나의 수준 (보완해야 할 능력)
①		
②		
③		

제5장

내 삶의 기준, 가치관

학습 목표

1. 가치의 의미를 이해하고, 명언에서 가치를 찾을 수 있다.
2. 가치관의 의미를 알고, 자신의 핵심가치를 찾을 수 있다.
3. 흥미와 적성에서 선택한 직업이 자신의 직업가치관 우선순위에 맞는지 생각해 볼 수 있다.

1. 가치란 무엇일까?

1) 사람을 사람답게 만드는 생각

2) 인간의 행동에 영향을 주는 바람직한 것

◉ 다음 명언들을 읽고 이런 명언을 가진 사람은 어떠한 가치를 가지고 있는지 〈보기〉에서 골라 빈칸에 써보세요.

명언	가치
"네 소원이 무엇이냐"고 하느님이 물으신다면 나는 서슴지 않고 "내 소원은 오직 대한독립이요."하고 대답할 것이다. –백범 김구	
평화로 가는 길은 없다. 평화가 길이다. –간디	

나는 꿈이 있습니다. 나의 네 자식들이 이 나라에 살면서 피부색으로 평가되지 않고 인격으로 평가 받게 되는 날이 오는 꿈입니다. –마틴 루터 킹	
사람이 얼마나 행복한가는 그의 감사의 깊이에 달려 있다. –존 밀러	
무지개를 보려면 비를 참고 견뎌야 한다.	

보 기

인내, 평화, 믿음, 사랑, 애국심, 감사, 평등, 봉사

2. 가치관과 나의 핵심가치 찾기

1) 가치관

① 세상을 바라보는 시각

② 자기 삶에서 무엇이 중요하며 무엇이 옳은지를 판단하는 관점

③ 가치관에 따라 삶의 방향이 정해짐

2) 다양한 가치관

① 보편적인 가치관은 있을 수 있지만 동일한 가치관은 없다.

② 그 자체로 옳다, 그르다의 판단을 내릴 수 없다.

3) 나의 핵심가치는 무엇일까?

– 핵심가치 : 많은 가치 중에서 자신이 가장 우선시 여기는 가치

★ 읽어보기

삼성 에버랜드 이야기

어느 날 한 여인이 간이화장실에서 볼 일을 보다가 그만 시어머니로부터 집안 대대로 며느리들에게 물려주던 가보인 반지를 변기통에 빠뜨리고 말았다. 큰일이었다. 시어머니에게 쫓겨날 수도 있는 일이었기 때문이다. 발을 동동거리며 어찌할 바를 모르고 있었는데 그것을 목격한 직원이 왜 그러는지 이유를 물으니 이차저차 사정을 이야기 한다. 그 얘기를 다 들은 직원은 잠시만 기다려달라는 양해를 구하고, 급히 어디론가 가더니 망치와 고무장갑을 끼고 와서는 2시간여 동안 변기통을 깨고 그 변기통 속에 손을 넣어 뒤적이면서 종국에는 그 반지를 찾아주었다. 그 여인의 그 순간의 환희는 이루 말 할 수 없었을 것이다. 당연히 이 이야기는 방방곡곡에 퍼지게 되었다.

이러한 일이 가능했던 이유는 바로 핵심가치에 있었다.

바로 에버랜드의 핵심가치는 "행복을 파는 곳"이었기 때문이다. 매년 고객만족경영 1위를 하는 이유이기도 하다.

[출처] (왜 일하는가) 핵심가치 | 가치관, 기업의 핵심가치~ | 작성자 미다스

정직한 청년 에이브

링컨이 일리노이 주 뉴살렘에서 잡화상 점원으로 일할 때의 일이다. 22살의 링컨은 상점주인 오펏의 전적인 신뢰를 받으며, 부지런히 일했다. 그는 이미 똑똑하고 믿음직스런 젊은이로 소문이 나 있었다. 그러던 어느 날, 링컨이 저녁 늦게 장사를 마치고 하루 동안의 수입을 결산하는데, 몇 번이나 계산을 해 보아도 셈이 맞지 않는 것이었다.

'왜 6센트가 남는 것일까?'

그는 의아해 하며 그날 가게를 다녀간 손님들의 얼굴을 떠올렸다. 한 사람씩 주고받은 금액을 따져보다가 단골손님인 앤디 할머니에게 거스름돈을 덜 준 것을 알게 되었다.

'그래, 맞아! 앤디 할머니께 거스름돈을 덜 드렸구나!'

그는 가게 문을 닫고 그 늦은 밤에 멀리 떨어진 앤디 할머니 댁으로 찾아갔다.

"앤디 할머니! 오펏 상점의 에이브입니다. 죄송합니다. 제가 착각을 해서 거스름돈

6센트를 덜 드렸습니다."

숨을 헐떡이며 링컨이 6센트를 내밀자 앤디 할머니는 깜짝 놀랐다.

"이보게 청년! 이 6센트 때문에 이렇게 밤늦은 시간에 그 먼 길을 왔단 말인가?"

"6센트가 아니라 1센트라도 당연히 와서 돌려드려야지요."

"그래도 그렇지, 다음에 내가 가게에 들르면 그때 줘도 될 것 아닌가?"

"아닙니다. 오늘 잘못은 오늘 바로잡아야지요."

"자네는 정말 소문대로 정직한 청년이로군! 자네는 이다음에 반드시 큰 인물이 될 걸세."

앤디 할머니는 링컨의 정직함에 탄복하며 칭찬을 아끼지 않았다.

◉ 나의 핵심가치 찾기

◉ 미지의 세계를 향해 배를 타고 여행을 떠나게 된 당신은 다음의 가치들을 가져갈 수 있습니다. 그런데 배에는 다음의 가치들을 다 실을 수가 없기 때문에 당신은 선택을 해야만 합니다. 다음 가치들이 쓰여 있는 짐 꾸러미 중 5개의 짐 밖에 가져갈 수 없다면 어떤 것을 가져갈 지 선택해 보세요.

> **보기**
>
> 열정, 지혜, 조화, 공평, 정의, 지식, 믿음, 평화, 감사, 결단, 의지, 인내, 배려, 용서 자유, 창의성, 리더쉽, 존중, 성실, 노력, 책임, 봉사, 경제력, 용서, 신뢰, 목표, 도전, 건강, 나눔, 친절, 긍정성, 의리, 약속, 용기, 신념, 정직, 성취감

◉ 당신이 선택한 다섯 가지의 가치는 무엇인가요 ?

1	2	3	4	5

◉ 한 참을 잘 가다가 배에 구멍이 났습니다. 도착지점까지는 얼마 남지 않았지만 2가지의 짐은

버려야 배가 가라앉지 않고 앞으로 나갈 수 있습니다. 당신은 3가지의 짐을 배에 남기고 나머지는 버려야 합니다. 당신이 끝까지 가지고 갈 3가지의 가치는 무엇인가요?

(,   ,   )

3. 나의 직업가치관 우선순위

1) **직업가치관**

- 직업 선택 시 개인이 중요시 여기는 가치관
- 개인은 중요시 여기는 직업가치관에 따라 직업을 선택함
① 내재적 가치관 : 성취, 봉사, 변화지향, 지식추구, 직업안정, 자율성 등
② 외재적 가치관 : 금전적 보상, 명예, 능력, 영향력 발휘 등

2) **직업가치관의 역할**

① 직업 판단이나 결정의 기준이 됨
② 직업선택에 필요한 자료 제공
③ 직업만족도에 영향을 미침

3) **나의 직업가치관 우선순위**

① 내적 가치를 중시하는 사람
  : 자신의 직업을 통해 내적 만족 추구 → 직업흥미를 기준으로 직업선택
② 외적 가치를 중시하는 사람
  : 능력을 발휘했을 때 큰 만족 → 직업적성을 기준으로 직업선택

◉ 커리어넷에 접속하여 직업가치관 검사를 해보세요.

커리어넷(www.career.go.kr) → 진로심리검사 → 직업가치관 검사

◉ 직업가치관 검사 후 결과지를 참고하여 자신이 중요시 여기는 가치관에 숫자로 우선순위를 적어보세요.

순위	직업가치관	특징
	능력발휘	나는 능력을 충분히 발휘할 수 있을 때 보람과 만족을 느낀다.
	자율성	나는 어떤 일을 할 때 규칙, 절차, 시간 등을 스스로 결정하길 원한다.
	보수	나는 충분한 경제적 보상이 매우 중요하다고 생각한다.
	안정성	나는 매사가 계획한대로 안정적으로 유지되는 것을 좋아한다.
	사회적 인정	나는 다른 사람들로부터 나의 능력과 성취를 충분히 인정받고 싶어한다.
	사회봉사	나는 사람, 조직, 국가, 인류에 대한 봉사와 기여가 가능한 직업을 선택할 것이다.
	자기계발	나는 항상 새로운 것을 배우고 스스로 발전해 나갈 때 만족을 느낀다.
	창의성	나는 예전부터 해오던 것 보다는 새로운 것을 만들어 내는 것을 매우 좋아한다.

참고 : 커리어넷(www.career.go.kr)

◉ 직업가치관 검사 결과를 참고하여 자신의 직업가치관 우선순위에 따른 추천직업 중 관심직업을 3개씩 정리해봅시다.

나의 직업우선가치	추전직업(학력별)	추천직업(전공별)
1.		
2.		

제6장

내일의 내 일!

● ● ● ● ● **학습 목표** ● ● ● ●

1. 직업이 무엇인지 알고, 직업의 역할을 알 수 있다.
2. 진로정보 탐색의 중요성과 탐색방법을 알 수 있다.
3. 커리어넷을 활용하여 관심 직업을 선택하고, 직업정보를 탐색 · 정리 할 수 있다.

1. 직업이 뭐야?

⊙ 직업의 이름을 아는 대로 최대한 많이 써보세요.

1) **직업이란?**

   – 생계를 위해 수입을 목적으로 하는 계속적인 정신적 · 육체적 활동

2) **직업의 조건**

   ① 경제성 – 노동의 대가로서 경제적 보수가 뒤따라야 함

   ② 계속성 – 주기적이고, 계속적인 활동

   ③ 사회성 – 사회공동체적 맥락에서 의미 있고 사회 기여를 전제하는 활동

   ④ 윤리성 – 윤리적인 법의 테두리 안에서 규범적 사회활동

◉ 다음 중 직업이라고 생각하는 것에 ○표 하세요.

   ① 전업주부　（　　　）

   ② 학생　　　（　　　）

   ③ 목사　　　（　　　）

   ④ 자원봉사　（　　　）

   ⑤ 도둑　　　（　　　）

◉ 다음은 직업의 역할을 설명한 것입니다. 관계있는 것끼리 연결해 보세요.

   ① 생계유지의 역할　　　　　·　　　　　　　　　·　꿈을 이룸

   ② 사회적 역할 분담의 역할　·　　　　　　　　　·　의 · 식 · 주 해결

   ③ 자아실현의 역할　　　　　·　　　　　　　　　·　사회적 참여

2. 진로정보탐색

1) 진로정보란?
 - 개인의 진로 개발 과정을 지원하기 위한 모든 정보의 형태

2) 진로탐색의 중요성
 ① 직업세계에 대한 흥미유발, 태도와 동기 자극
 ② 진로의사결정에 영향을 미침
 ③ 진로계획을 구체화할 수 있음

3) 진로정보탐색의 방법
 - 책이나 신문 등의 인쇄매체, 직업인 인터뷰, 도서관, 다양한 진로정보 관련 사이트 활용

〈대표적인 진로정보관련 사이트〉

기관	홈페이지	주요내용
커리어넷	www.career.go.kr	직업정보, 학교정보, 진로상담, 심리검사 등
워크넷	www.work.go.kr	직업정보, 채용정보, 심리검사, 기업정보 등

3. 관심 직업조사하기

◉ 커리어넷 직업정보 카테고리를 클릭하여 관심직업을 검색란에 입력하고 아래항목에 따라 정보를 정리해 보세요.
 - www.career.go.kr → 직업 · 학과정보 → 직업정보 → 검색란에 직업 입력
   → 검색직업 클릭

직업명	1.	2.
하는 일		
핵심 능력		
흥미와 적성		
준비방법 (취업현황 및 문의기관 클릭)		
직업전망		
관련자격증		

제7장

직업은 진화한다

• • • • **학습 목표** • • • •

1. 직업이 생성, 성장, 쇠퇴, 소멸 등 변화하는 이유를 알 수 있다.
2. 이색 직업의 의미와 다양한 이색 직업을 알 수 있다.
3. 미래 직업전망에 대해 알아보고, 미래 직업을 예측해 볼 수 있다.

1. 직업은 진화한다

• **사람의 필요에 따라 진화하는 직업**

① 생성 → 성장 → 쇠퇴 → 소멸

② 직업세계가 변화하는 이유

  – 산업구조와 생활양식의 변화

  – 사람의 필요가 달라지기 때문

◉ 현재를 기준으로 과거에 있었지만 사라진 직업과 과거에는 없었지만 새롭게 생긴 직업을 써
  보세요.

사라진 직업	새롭게 생성 된 직업

2. 다양한 직업세계

1) 이색 직업

　① 일상생활에서 접하기 어려워 생소하거나 특이한 직업

　　- 예 : 부루마스터, 캘리그라퍼, 쇼콜라티에, 스카프 코디네이터 등

　② 개성이 강하고 이전에는 상상하기 어려웠던 색다른 직업

　　- 예: 앱 디자이너, 프로게이머, 쇼 호스트 등

2) 이색 직업의 장점 및 단점

　① 장점 : 그 분야의 선구자가 될 수 있고, 경쟁자가 적어 수입이 좋은 편

　② 단점 : 교육훈련체계가 자리 잡히지 않아 직업을 얻기까지 오랜 시간 소요 됨

◉ 다음 직업은 어떤 일을 하는 직업인지 자유롭게 생각해서 작성해 보세요.

부루 마스터		
장제사		
변리사		

⊙ 이색 직업에 관한 설명을 읽고 〈보기〉에서 해당 직업을 찾아 괄호에 답을 쓰세요.

─── 보기 ───

ⓐ 쇼콜라티에 ⓑ 네이미스트 ⓒ 아쿠아리스트 ⓓ 캘리그라퍼 ⓔ 조향사 ⓕ 큐레이터
ⓖ 작업치료사 ⓗ 기상컨설턴트 ⓘ 웃음치료사 ⓙ 아트워크 매니저 ⓚ 도선사

① 기업명이나 상표 등 전문적으로 이름을 짓는 직업 (   )

② 초콜릿을 만들고 초콜릿을 이용해 예술작품까지 만듦 (   )

③ 붓을 이용해 헤드라인, 타이틀, 로고 등의 글씨를 써서 작품화 함 (   )

④ 대형 수족관에서 수중생물을 관리, 전시회 등을 기획 함 (   )

⑤ 미술관의 모든 일들을 처리하고 수행하는 사람 (   )

⑥ 여러 가지 향료를 섞어 새로운 향을 만들거나 제품에 향을 덧입힘 (   )

⑦ 날씨 정보를 제공하고 이를 다양하게 활용할 수 있도록 도와주는 직업 (   )

⑧ 신체적 · 정신적으로 기능이 저하된 사람이 정상적인 생활을 할 수 있도록 다양
한 적응 훈련을 돕는 직업 (   )

⑨ 화보집 촬영을 위해 카메라 앵글 앞에 선 모델들의 포즈를 전문적으로 지도하
는 직업 (   )

⑩ 웃음으로 사람의 마음을 건강하고 즐겁게 하며 그 영향으로 몸이 건강해지도록
돕는 직업 (   )

⑪ 선박들이 오가는 바다 위에서 항만에 입 · 출항하는 선박에 탑승해 선박을 부두
까지 안전하게 인도하는 직업 (   )

3. 미래의 직업세계

1) 불확실한 미래

① 2020년에는 80% 직종이 소멸할 것 - 박영숙 미래뉴스

② 미국노동성 10년 후 직종 70% 소멸 - 유엔미래보고서 2025

③ 언론의 소멸

④ 로봇과 기술이 인간의 직업을 대체할 세상이 온다.

⑤ 프리랜서, 비정규직, 파트타이머의 시대

⑥ 환경의 위협으로 인한 사회적 붕괴

[출처] 유엔미래보고서 2030

2) 미래에 유망할 것으로 예측되는 직업분야

유망직업분야	직업의 종류
정보 기술(IT) 관련 직업	웹 개발자, 컴퓨터 보안전문가, IT컨설턴트, 전자상거래 전문가, 컴퓨터게임 시나리오작가, 컴퓨터음악가, 컴퓨터프로그래머 등
첨단과학 관련 직업	전자인공지능엔지니어, 핵물리학자, 의용계측제어학자, 반도체전문가, 레이저공학자, 재료공학자, 유전공학자, 미생물 유전학자, 나노 소재공학자 등
세분화·전문화로 파생되는 직업	경제전망가, 대학입학전형설계사, 공인노무사, 인사관리전문가, 전문리크루터, 노동법학자, 노사분쟁전문판사, 임금연구가, 캐스팅디렉터, 투자 상담가, 마케팅조사가, 사회조사전문가, 광고기획자, 변리사 등
세계화와 관련되는 직업	국제법학자, 외교관, 무역전문가, 항공기조종사, 스튜어디스, 항공기정비사, 영상번역가, 동시통역사, 관광통역가이드, 해외관광지개발가 등
여가선호로 파생되는 직업	연회전문가, 항공사 여객마케팅, 여행기획가, 연예오락이벤트 기획인, 성형외과 의사, 피부과학전문학자, 피부미용사, 바텐더, 보모, 사회체육지도자 등

창의성과 개성이 강조되는 직업	요리코디네이터, 색채전문가, 산업디자이너, 인테리어전문가,이미지컨설턴트, 테마파크 디스플레이어, 의상컨설턴트, 자동차 디자이너, 환경디자이너, 시각디자이너, 큐레이터, 조각가, 만화콘티작가, 애니메이션전문가, 카피라이터 등
문화예술 관련 직업	쇼 전문 PD, 드라마 PD, 국악이나 양악 전문 PD, 전문 아나운서, 장르별 MC, 음반 기획자, 뮤지컬배우, 영화배우, 연극배우, 영화홍보업자, 이벤트매니지먼트, 탤런트, 모니터요원 등
환경과 건강 관련 직업	수질전문가, 폐기물처리사, 환경미생물전문가, 환경위생학전문가, 환경공학전문가, 환경음악작곡가, 산식물치료학자, 운동치료사, 운동생리학자, 예방의학전공학자, 약리학자, 전문가,동물생태전문가, 음악치료사 등
정신문화 관련 직업	청소년심리연구가, 행동과학전문가, 심리 카운셀러, 심리상담목회자, 정서장애특수교사, 의료 사회사업가, 공인 알콜중독 상담가, 언어치료사 등
보건의료 관련 직업	임상 병리사, 간호사 및 간호조무사, 물리치료사, 치과위생사, 치과기공사, 응급구조사, 병원코디네이터, 의료전산 정보사, 음악치료사, 안경사, 방사선사, 의사, 한의사, 치과의사, 약사 등

◉ 앞으로 10년 안에 사라질 것 같은 직업을 예측해 보세요.

사라질 직업	하는 일	사라질 것으로 예측되는 이유

◉ 앞으로 전망이 좋을 것 같은 직업을 예측해 보세요.

유망직업	하는 일	유망하다고 생각하는 이유

◉ 내가 만드는 미래직업! 미래에 생길 것 같은 직업카드를 만들어 보세요.

예) 야간 전문병원 원장 : 응급실이 아닌 바쁜 현대인을 위한 야간진료전문 병원운영

직업의 이름 :

그림

하는 일 :

자격 :

어떤 사람에게 어울릴까?

제8장

합리적인 의사결정

• • • • • **학습 목표** • • • • •

1. 의사결정의 의미와 의사결정 유형별 장점과 단점을 알 수 있다.
2. 크고, 중대한 문제에 적합한 의사결정 유형이 무엇인지 알 수 있다.
3. 합리적 의사결정 5단계에 따라 의사결정을 연습할 수 있다.

1. 의사결정

– 의사결정 : 여러 가지 대안들 중에서 가능성 있는 대안을 선택하고 결정하는 행위
– 진로의사결정 : 자기이해와 직업세계에 대한 정보와 지식을 바탕으로 진로와 관련된
여러 가지 갈등에 대한 대안을 탐색하고 최선을 선택하고 결정하는 행위

1) 진로의사결정의 과정

2) 진로의사결정의 유형

　– 의사결정유형 : 선택 상황에서 결정을 내리기 위해 대안을 판단하고, 선택 · 결정
　　하는 방식의 유형별 구분

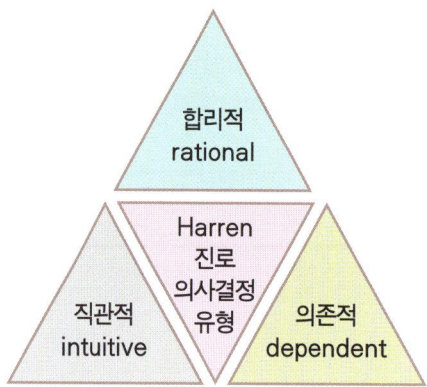

① 직관적 유형 : 자신과 상황에 대해 감정이나 느낌에 따라 진로의사결정, 즉흥을
　포함하고 있음

② 의존적 유형 : 주변인물이나 타인의 의견에 의존하여 진로의사를 결정하는 유형

③ 합리적 유형 : 정확한 정보를 수집하고 신중하고 논리적으로 진로의사결정

[일상 속에서 의사결정의 유형 찾아보기]

하교 길에서 친구들과 음료수를 사먹기로 한 A, B, C

A : "오늘은 왠지 콜라가 댕겨~" → 직관적 의사결정

B : "나는 뭐 먹지? 넌 콜라 먹을 거야? 나는 너 먹는 거 먹을래." → 의존적 의사결정

C : "지난번에 TV건강프로에서 콜라가 엄청 나쁘다던데… 나는 몸에 좋은 오렌지 주
　스 마셔야겠다. 종류가 많네, 내가 가진 돈에 맞춰서 이걸로 사야지~."

　　→ 합리적 의사결정

3) 진로의사결정 유형별 장점 및 단점

	직관적 유형	의존적 유형	합리적 유형
특징	– 감정적, 즉흥적, 느낌 – 미래보다 현재감정중시 – 결정에 대한 책임감	– 수동적, 순종적 – 사회적 인정욕구, 타인의 영향 – 책임을 부정	– 정보수집, 논리적, 분석적 – 신중함, 합리적 – 결정에 대한 책임감
장점	– 신속하고 빠른 결정	– 다양한 의견수렴가능	– 신중함, 실패확률이 낮음

단점	– 잘못되거나 실패할
	  확률 높음
	– 일관성을 요하거나
	  장기적인 일에는 부적합
		– 남의 탓, 책임회피
		– 독립과 성숙 방해
		– 중대한 문제에 부적합
			– 의사결정에 많은 시간 소요
			– 지나친 신중함으로 기회를
			  놓칠 수 있음
			– 돌발 상황에 부적합

> 가장 합리적인 의사결정 유형은 반드시 합리적인 유형이 아니다!

◉ 위의 표를 보고 어떤 의사결정 유형인지 써보세요.

　① 감정에 따라 의사결정을 한다. (　　　　　)

　② 정보를 수집하고 신중하게 결정한다. (　　　　　)

　③ 타인의 의견을 따르는 경향이 강하다. (　　　　　)

　④ 신속하고 빠른 장점을 가졌지만 실패확률이 높은 편이다. (　　　　　)

　⑤ 다양한 의견수렴이 가능하나 잘못될 경우 남의 탓을 한다. (　　　　　)

　⑥ 실패확률이 낮으나 신중함이 지나치면 기회를 놓칠 수도 있다.(　　　　　)

◉ 진로문제와 같이 중대하고 큰 문제를 결정할 때는 어떤 의사결정 유형이 바람직할까요?

　① 합리적 유형　　　② 직관적 유형　　　③ 의존적 유형

2. 합리적인 의사결정 5단계

1) 합리적 의사결정의 5단계 과정
　① 문제인식
　　: 문제를 인식하고 명료화 하는 단계
　② 정보수집과 대안탐색
　　: 문제의 성격과 의사결정 상황의 조건에 따라 문제 해결의 방법을 찾아보는 단계
　　　→ 가능한 많은 대안을 찾아 문제해결 방안을 높임
　③ 대안 및 기준 설정
　　: 각 대안들에 대한 선택기준과 해결책의 결정을 위한 기준을 제시하는 단계
　　　→ 목표를 달성하기 위해 고려된 여러 대안 중에서 어떤 것을 선택하고 결정하
　　　　는데 필요한 기준 설정
　④ 대안의 평가(비교)
　　: 각 대안을 설정한 기준에 근거해 비교하고 분석한 다음 각 대안이 갖는 바람직
　　　한 정도, 가능성, 위험성을 평가하는 단계
　⑤ 의사결정
　　: 비교분석한 대안 중에서 최선의 대안을 결정하는 단계

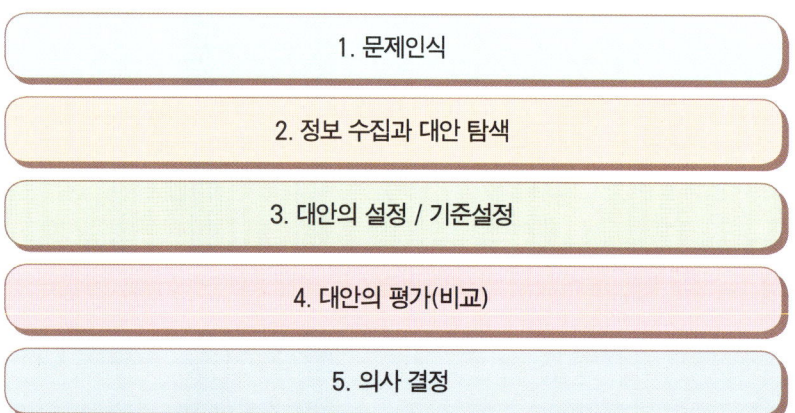

1. 문제인식

2. 정보 수집과 대안 탐색

3. 대안의 설정 / 기준설정

4. 대안의 평가(비교)

5. 의사 결정

⊙ 다음의 예제를 통해 합리적 의사결정을 연습해 봅시다.

시온이의 새 직업을 찾아주세요~!

이름 : 박시온/ 나이: 27세 / 대학병원 의사

대학병원의 레지던트 1년차로 근무하는 박시온은 어려서부터 자폐증을 앓고 있다.

시온이는 동물과 교감을 할 정도로 동물을 좋아하고, 어린아이들을 좋아한다. 마음이 착하고 그림을 아주 잘 그린다. 삼각 김밥을 좋아하고 좋아하는 것은 계속 반복하는 편이다. 서번트 신드롬으로 의학적 지식과 공간 지각력에 천재성이 있으며, 기억력이 뛰어나지만, 사회성이 떨어지고 사람들과 소통을 잘 하지 못한다. 그래서 사람들에게 오해를 사기도 하고, 이상한 자폐행동들이 환자들을 불안하게 만들기도 한다. 이로 인해 병원에 큰 문제가 발생하여 더 이상 의사로서 활동할 수 없게 된 박 시온에게 새로운 직업을 찾아 주자.

*서번트 신드롬(Savant Syndrome): 아이큐가 심하게 낮거나 정신지체, 자폐증 같은 정신 장애를 갖고 있으면서도 음악이나 미술, 계산 같은 특정 분야에서는 극도의 천재성을 보이는 사람들의 증상

합리적 의사결정 5단계로 시온이의 새 직업 찾기

1. 문제인식/ 문제 명료화(무엇이 문제인가?)

2. 정보수집과 대안탐색(시온이의 흥미, 적성, 환경, 직업에 대한 정보 등)

　　– 정보 수집

　　– 대안 탐색

3. 대안 및 기준 설정

　대안1) _____

　대안2) _____

　기준설정　① 흥미 ② 적성 ③ _____ ④ _____ ⑤ _____ ⑥ _____

4. 대안의 평가

대안 　　기준	대안 1.	대안 2.
흥미		
적성		
단점		

5. 그래, 결정했어!(의사결정)

제9장

꿈의 징검다리, 목표

● ● ● ● ● 학습 목표 ● ● ● ● ●

1. 꿈 시각화의 중요성과 꿈을 시각화하는 다양한 방법을 알 수 있다.
2. 꿈과 목표의 차이를 알고, 자신의 꿈 리스트를 목표로 설정할 수 있다.

1. 꿈 시각화의 의미와 중요성

1) 꿈을 이루는 공식

① R=VD (Realization = Vivid Dream) : 생생하게 꿈을 꾸면 실현 된다.

② 시각화

　- 볼 수 없는 것을 보이는 것으로 나타내는 것

　- 상상을 구체화 하여 볼 수 있는 자료로 만듦

③ 중요성

　- 꿈이나 계획 등을 시각화 하면 보다 더 생생하게 가시화 되어 실현가능성이 커짐

2) 꿈을 시각화하는 다양한 활동

① 꿈 리스트 작성하기

- 자신이 이루고 싶은 꿈의 목록을 기록하는 것

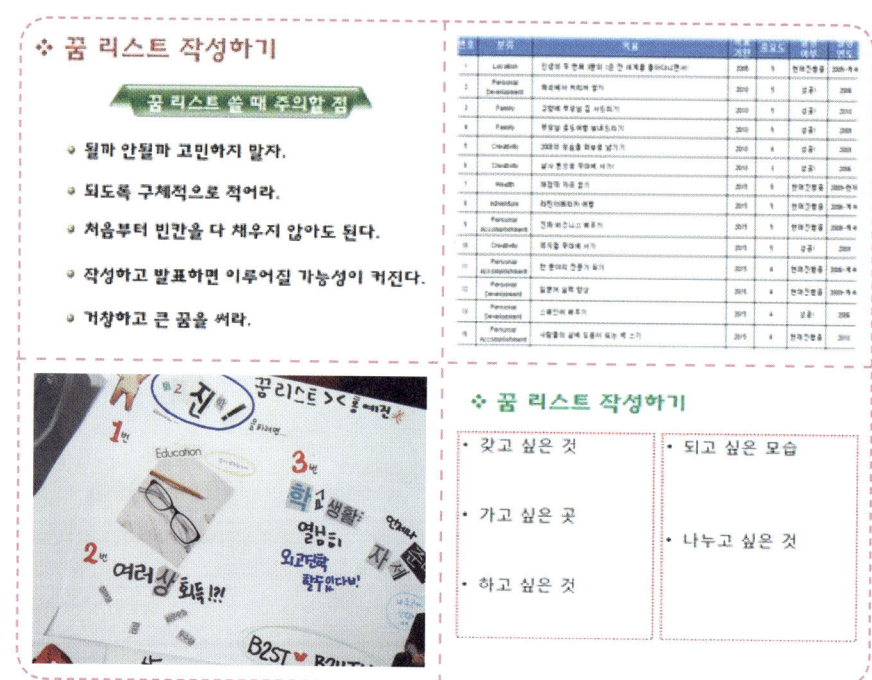

② Vision map 만들기

- 자신의 꿈을 이룬 모습과 꿈을 이루기 위한 과정을 나타내는 꿈의 지도

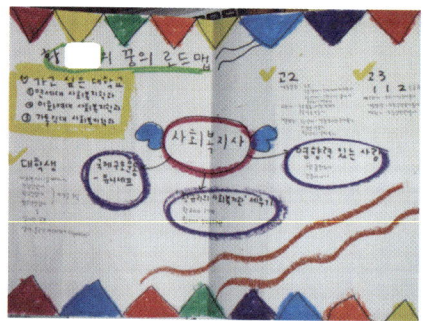 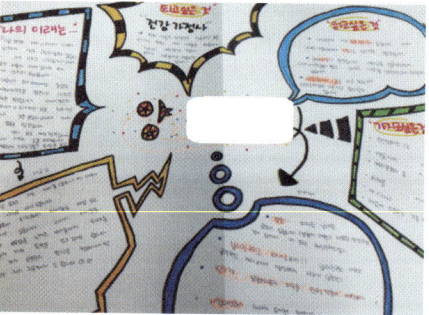

③ 명함 만들기

- 자신의 미래 명함을 만드는 것

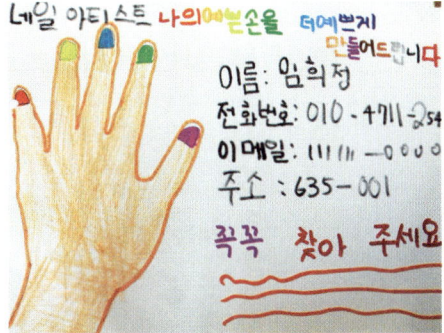

④ 비전선언서 작성하기

- 자신의 비전을 쓰고 선언하는 것

나는 ....
　　　　　(언제까지)

.... 로서,
　　(어떠한)　　　　　(직업 또는 일)

.... 에게
　(어떤 사람들에게)

　　　　　　　　　　　사람이 되겠다!
....
(줄 수 있는 가치와 보람을 주는)

나는 .... 33세 까지 ....
　　　　　　　(언제까지)

빵을 맛있게 만드는　　　파티쉐　 로서,
　　(어떠한)　　　　　(직업 또는 일)

빵을 좋아하는 사람들 에게
　　(어떤 사람들에게)

맛있는 감동과 기쁨을 주는　사람이 되겠다!
(줄 수 있는 가치와 보람을 주는)

⑤ 미래일기 쓰기

- 미래 어느 날의 일기를 작성해 보는 것

20년 후 토요일 8시입니다.

1. 나는 지금 어디에 있나요?

2. 나의 직업은 무엇인가요?

3. 지금 내 옆에는 누가 있나요?

4. 나는 지금 무엇을 하고 있나요?

5. 나의 지갑 속에는 무엇이 들어있나요?

6. 나의 가장 친한 친구는 무엇을 하는 사람인가요?

현우의 미래 일기

20년 후 토요일 8시입니다.

2033년 8월 0일 토요일 8시

나는 31세, 내 직업은 소방관이다. 지금 내가 있는 곳은 관악소방서이다.

부모님이 많이 반대하셨지만 나는 결국 내가 하고 싶은 대로 소방관이 되었다. 부모님은 위험한 일이라며 심한 반대를 하셨지만 하고 싶지도 않은 일을 하면서 살고 싶지는 않았다. 항상 조심하지만 부모님말씀대로 위험할 때가 있다. 얼마 전에 이웃 지역에서 큰 불이 나서 사람들이 많이 다쳤고, 사람들을 구출하기 위해 불길 속으로 뛰어들어 간 소방대원 2명도 큰 부상을 입었다. 그래서 그런지 요즘은 우리 소방서도 비상이다. 불을 끄러 나갈 때는 정말이지 용기가 필요하고, 항상 조심해야 한다.

나는 소방관이 되어 모범훈장도 타고, TV 토크쇼와 예능프로에 나올 만큼 유명인사가 되었다. 의로운 대한민국 50인에 선정되었기 때문이다.

나의 가장 친한 친구 지용이는 국가대표 축구선수가 되었다. 우리는 아무리 바빠도 꼭 한 달에 한번 정도는 만나서 함께 영화도 보고, 운동도 한다.

지금 내 지갑에는 내 여자 친구의 사진이 들어있다. 그리고 신용카드도 2장이나 있다.

나는 사람들이 위험에 처해있거나 불이나면 달려가는 의로운 소방관이다.

2. 꿈과 목표

① 꿈과 목표의 사전적 의미

　　- 꿈 : 실현하고 싶은 희망이나 이상, 추구하는 인생의 방향

　　- 목표 : 행동을 취해 이루려는 최후의 대상, "단기적인 꿈"

　　　　: 마감시간과 목표를 이루기 위한 실행계획이 있음

② 꿈과 목표의 차이 : 마감시간과 실행계획의 유무

③ 목표의 3단계

　　- 이상목표, 과정목표, 행동목표

　　- 기간으로 분류하면 장기, 중기, 단기 목표가 됨

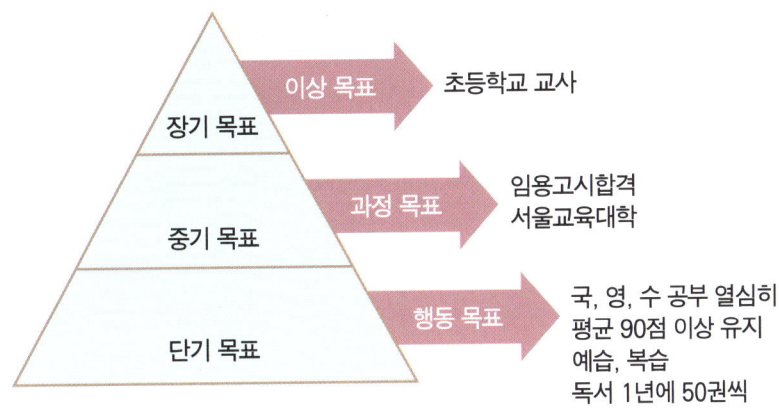

④ 실행력을 높여주는 목표수립방법, SMART기법

　　S Specific - 구체적으로

　　M Measurable - 측정 가능하게

　　A Action oriented - 행동 지향적으로

　　R Realistic - 현실적으로

　　T Timed - 시간을 정하라

S – 구체적이어야 한다.

나쁜 예 : 나는 살을 많이 뺄 거야.

좋은 예 : 나는 살을 2Kg 뺄 거야.

M – 측정 가능해야 한다.

나쁜 예 : 나는 수학성적을 올릴 거야.

좋은 예 : 나는 수학성적을 90점 이상으로 올릴 거야.

A – 행동 지향적이어야 한다.

나쁜 예 : 나는 독서 왕이 될 거야.

좋은 예 : 나는 매일 도서관에 가서 책을 2권 이상 읽을 거야.

R – 현실적이어야 한다.

나쁜 예 : 나는 세계를 정복할 거야.

좋은 예 : 나는 세계적인 축구선수로 세계를 정복할 거야.

T – 목표를 완수할 기한과 시간을 정한다.

나쁜 예 : 나는 한국사 인증 자격증을 딸 거야.

좋은 예 : 나는 이번 해 12월까지 한국사 인증 자격증을 딸 거야.

◉ 꿈 리스트 가운데 하나를 목표로 정하여 이상목표, 과정목표, 행동목표를 세워봅시다.

SMART기법을 활용하여 마감시간과 숫자를 넣어 구체적으로 계획해 보세요.

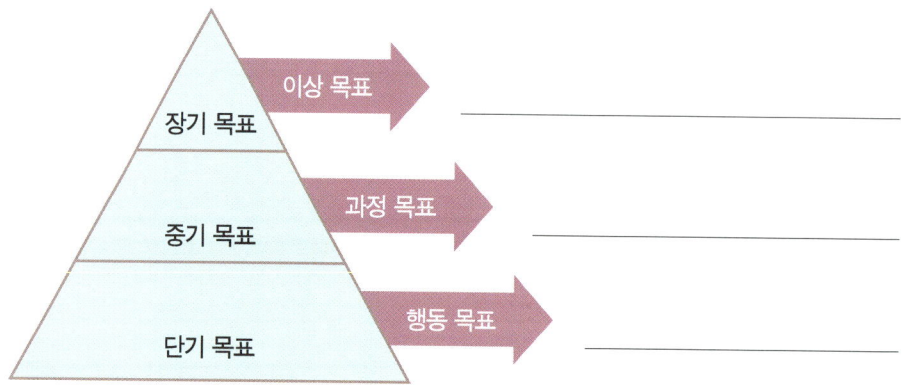

제10장

진로 포트폴리오

● ● ● ● 학습 목표 ● ● ● ●

1. 포트폴리오의 정의와 작성단계를 알 수 있다.
2. 다양한 탐색과정을 통해 나만의 진로 포트폴리오를 작성할 수 있다.

◉ 속담 '구슬이 서 말이어도 꿰어야 보배' 라는 말의 의미를 적어보세요.

◉ 아래 문제에 맞으면 ○, 틀리면 X를 표시하세요.

- 포트폴리오는 정해진 형식대로 작성되어야 한다. (   )
- 포트폴리오 작성이 자기이해에 많은 도움이 될 수 있다. (   )

1. 포트폴리오

1) **정의** : 학창시절, 생활, 직업에서 얻은 소중한 성과들을 반영하는 기록들을 논리적
　　　으로 정리해 모아놓은 집합체

2) **포트폴리오 작성의 이점**

　① 자신감을 쌓는데 효과적임

　② 다른 사람들에게 긍정적인 모습을 효과적으로 보여줄 수 있음

　③ 자기주도적인 성장을 도움

2. 진로 포트폴리오

– 자신의 진로를 탐색하기위한 다양한 활동과 그에 따른 결과를 통해 포트폴리오 작성

1) **나만의 포트폴리오**

　① 보기 좋은 떡이 먹기도 좋다. : 깔끔하고 보기 편한 구성, 도표나 사진

　② 스토리를 만들어라. : 항목별 자료들이나 내용이 이야기처럼 자연스러움

　③ 브랜드화하라. : 자신만의 독특한 구성과 내용

2) **준비할 내용**

　① 흥미와 적성, 성격과 가치관 등 다양한 검사 자료

　　예) 흥미검사에서 기업형,사회형(E, S형)이 나온 경우 : '사람들과 더불어 따뜻
　　　하게 지내며, 어려운 일에 앞장서서 일을 헤쳐 나갈 수 있는 사람'으로 작성

　② 취득한 각종 자격증과 증명서, 상장, 추천서 및 평가 기록 등

　③ 자신의 강점이나 비전

　④ 구성방법의 시나리오

　⑤ 수기작성이나 워드 또는 ppt 프로그램, 웹사이트 등 다양한 방법

【나의 특성을 종합한 진로탐색】

◉ 지금까지 검사를 통해 알게 된 나의 특성을 정리해 봅시다.(우선순위 3가지 선택)

나의 특성			직업(선택)	
검사 하기 전			1위	
			2위	
			3위	
흥미 검사	유형		1위	
			2위	
			3위	
다중지능 검사	지능		1위	
			2위	
			3위	
가치관			1위	
			2위	
			3위	

◉ 위의 4가지영역을 종합하여 자신의 특징을 정리하고 적합한 직업을 높은 점수별로 3가지를 선택해 보세요.

종 합 (나는 이런 사람입니다.)		1위	
		2위	
		3위	

◉ 위에서 선정한 3가지 관심 직업을 자신의 특성에 맞추어 평가해 보세요.

(매우 적합 ⑤, 조금 적합 ④, 보통 ③, 조금 부적합 ②, 매우 부적합 ①의 점수를 주어 평가)

구분	평가표														
	직업1					직업2					직업3				
삶의 목표	5	4	3	2	1	5	4	3	2	1	5	4	3	2	1
부모님의 뜻	5	4	3	2	1	5	4	3	2	1	5	4	3	2	1
능력	5	4	3	2	1	5	4	3	2	1	5	4	3	2	1
흥미	5	4	3	2	1	5	4	3	2	1	5	4	3	2	1
성격	5	4	3	2	1	5	4	3	2	1	5	4	3	2	1
가치관	5	4	3	2	1	5	4	3	2	1	5	4	3	2	1
합계															

【나의 특성을 종합한 진로탐색】

직업명	
핵심 능력	
유사 직업명	
관련 학과	
하는 일	
적성 및 흥미	
취업 방법	
준비방법	
직업 전망	

【나의 성장 이력】

자격증 및 상장	
성장 시 특이사항	
다양한 활동경험	
좋아하는 과목/ 분야 이유	
실패한 일	
실패 후 깨달은 점 or 성공으로 바꿈	
10년 후 비전	
20년 후 비전	

◉ 나는 어떤 사람인지 설명해봅시다. 지금까지 찾아 본 내 모습을 적어보세요.

(62 페이지의 [나의 성장 이력] 양식을 채우기 힘들어하거나 저학년일 경우 인상 깊은 내용을 자유롭게 작성해봅니다.)

MEMO

두근두근
진로
이야기
메뉴얼

제1장 진로(進路)가 진로(眞路)다!

들어가기 전에

◉ 마라톤에서 1등을 제외하고 5,000여 명이 모두 탈락했습니다. 탈락한 이유는 무엇일까요?

　＊ 2013년 영국에서 열린 마라톤 대회에서 우승자를 제외한 전원이 실격되는 사건이 발생

> **생각해보기**
>
> 2등이 길을 잘못 들어서고 그 뒤를 따라 모두 쫓아갔다고 합니다.
> 그 결과, 마라톤 거리 42.195km 중 겨우 264m의 차이로 모두 실격되었습니다.
> 과연 누구의 잘못일까요? 2등의 잘못으로 일어난 일일까요?
> 진로는 누가 알려주는 것이 아니라, 자기 스스로 찾아가는 것입니다.

1. 진로의 참의미

1) 진로(進路)의 사전적 의미

　①② 진로(career)는 한 개인이 평생 일과 관련해서 경험하고 거쳐 가는 모든 체험을 의미하기도 하지만, 사전에 명시된 진로(進路)는 '앞으로 나아가는 길, 평생 나아갈 길'이라는 더 큰 의미를 지닙니다. 따라서 진로교육은 대학진학과 미래의 자기 직업을 찾는 것에 국한하지 않고 인생 전반의 나아갈 바를 돕는 것이 목적이므로 그 중요성은 매우 큽니다.

2) 진로교육이 진로(참 길, 眞路)인 이유

　① 평생의 참교육, 참길

　– 학생이 하고 싶은 것을 알아내고 그가 나아가고자 하는 길을 존중해야 합니다. 학

생이 스스로 자신의 적성과 진로를 찾고 선택하도록 도움을 주어야 합니다. 어느 대학에 몇 명을 합격시키는 목적의 교육이 아닌, 학교를 졸업하고도 세상의 탐구심과 호기심은 계속되어야 합니다. 각자 자신의 갈 길을 찾아 적성과 능력을 발휘하여 사회 속에서 제 구실을 다하도록 하는 것이 참교육이며, 그것이 바로 진로교육임을 알아야 합니다.

②③ 인생 전반의 진학, 직업, 꿈 등을 구체화하는 참 교육, 꿈을 찾아가는 여정
- 진로교육은 막연한 미래의 꿈을 구체화하는 과정입니다. 흥미, 적성, 가치관 등을 알고 선택의 연속인 삶에서 어떻게 목표를 세우고 의사를 결정하는지를 배워서 꿈을 이뤄가도록 돕습니다.

3) 꿈

① 삶의 방향, 의미 있는 삶
- '무엇이 되기보다 어떻게 사느냐를 생각하는 가치의 삶'을 지향하는 것이 삶의 방향이며 목적이자 꿈입니다. 아래 이야기를 통해 꿈꾸는 사람의 삶의 태도를 알 수 있습니다.

> 벽돌공 세 사람이 돌을 쌓고 있었다. 지나가던 사람이 첫 번째 벽돌공에게 물었다.
>
> "무엇을 하고 계십니까?"
> "보면 몰라요? 벽돌을 쌓고 있습니다."
>
> 벽돌을 기계적으로 쌓아 올리며 첫 번째 벽돌공이 퉁명스럽게 대답했다. 말하기도 귀찮다는 표정에 서둘러 자리를 피하던 행인은 두번째 벽돌공을 만났다.
>
> "무엇을 하고 계십니까?"
> "돈을 벌고 있습니다."

두 번째 벽돌공은 한 푼이라도 더 벌려고 서둘러 벽돌을 쌓고 있었다. 행인은 더 묻지 못하고 자리를 피하다 세 번째 벽돌공을 만났다. 세 번째 벽돌공은 콧노래를 부르며 벽돌을 쌓고 있었다.

"무엇을 하고 계십니까?"

"학교를 짓고 있습니다."

"그런데 무엇이 그렇게 신나세요?"

"당연히 신나죠. 내가 새로 만든 학교에서 아이들이 공부하고 있을 모습을 상상해보세요. 즐겁지 않겠습니까?"

세 번째 벽돌공의 이야기를 들으며 행인은 완성될 건물을 상상해보았다. 붉은 벽돌로 새로 지은 학교에서 미래의 꿈을 이루기 위해 열심히 공부하는 아이들. 상상만으로도 즐거운 풍경이 펼쳐졌다.

②③ 꿈은 단순히 원하는 직업을 갖게 되는 것이 아닙니다.

원하는 대학, 원하는 직업을 갖게 되었다고 모든 꿈이 이루어진 것은 아닙니다. 꿈이 없어지는 것이 아니라, 새롭게 생기기도하고 확장되기도 합니다.

무엇이 되기보다 어떻게 사느냐를 고민하는 삶이 꿈이 되고, 삶의 방향이 되어줍니다. 예를 들어, 김연아가 세계 챔피언만이 꿈이었다면, 올림픽에서 금메달을 땄을 때 은퇴하고 마음껏 즐거움을 누리며 살았을 것입니다. 하지만, 그녀에게는 우리나라의 피겨 스케이팅 후배들과 자신을 바라보는 국민들에게 희망이 되고 싶은 꿈이 있었기에 한 번 더 도전했습니다. 지금도 그녀는 세계 속에서 한국 스케이팅의 도약을 향한 새로운 꿈 너머 새로운 꿈을 향해 달려가고 있습니다. 이와 같이 꿈은 무엇이 아닌 어떤 삶을 살 것인가에 대한 방향이 되어줍니다.

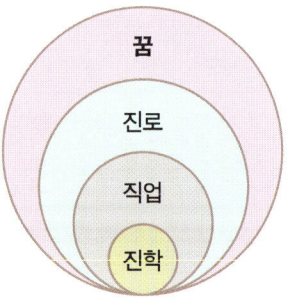

2. 꿈과 진로설정

1) 꿈을 이루기 위한 방향 찾기, 진로

◉ 누가 승자가 될까요?

① 시속 8km 자전거

② 시속 100km 자동차

③ 시속 300km KTX

> **생각해보기**
>
> 질문에는 도착지(목표)가 없습니다.
> 가야 할 방향과 도착지를 아는 사람이 이기는 것이 당연합니다.
> 중요한 것은 속도보다 방향입니다.

* 우리의 삶은 속도보다 방향을 아는 것이 중요합니다!!!

다른 사람에 비해 자신의 능력이 자전거의 8km 같은 초라한 능력이라고 생각되더라도 방향을 안다면 느린 속도는 꿈을 이루는 데 문제가 되지 않습니다. 아무리 빠른 속도의 KTX 같은 사람이라도 명확한 목적지를 모른다면 속도는 의미가 없습니다. 다른 사람을 비교하기보다 자기 자신을 잘 아는 것에 집중하도록 격려바랍니다.

2) 나로부터 시작하는 진로

◉ 누구일까요 -1? 김병만

김병만의 꿈은 가족과 이웃들에게 웃음을 주는 사람이 되는 것이었습니다. 그래서 꿈을 이루기 위해 개그맨이 되고자 갖은 고생을 감수할 수 있었습니다. 하지만, 그는 다른 개그맨들과 달리 말재주가 부족하여 부진을 겪다가 말 대신 몸으로 웃기는 것에 강점을 가진 것을 깨달았습니다. 그 후 '달인'과 '정글의 법칙'을 통해 자신만의 개그 영역을 만들었습니다. 지금도 그는 진정성 있는 웃음과 행복을 주는 프로그램을 위해 각종 자격증에 끊임없이 도전하고 있습니다.

◉ 누구일까요 -2? 로뎀

존재감이 없던 로뎀이 자신의 '꿈'을 말하는 것에서 당당하고 자신감이 넘쳤던 이유는 자기 자신이 무엇을 좋아하고 잘 하는지를 알고, 어떤 사람이 되고 싶었는지를 생각했기 때문입니다. 수많은 걸작을 탄생시킨 위대한 조각가는 자신을 잘 알고 있던 소년이었기에 가능했던 것입니다.

* 지피지기 백전불태(知彼知己 百戰不殆)

　상대를 알고 나를 알면 백 번 싸워도 위태롭지 않다.

　진로설정의 시작이며, 가장 중요한 것은 '자기이해'입니다.

　자기를 이해 한다는 것은 있는 그대로의 자신을 정확하게 이해하는 것입니다. 자기이해는 자신의 몸과 마음에 관한 모든 것, 대인관계 그리고 가치관 등 자기의 행동 등에 관하여 현실적으로 이해하는 것입니다. 또한, 자신의 긍정적인 측면과 부정적인 측면 모두를 이해함을 말합니다. 따라서 자신에 대한 이해는 다른 사람에 대한 이해를 촉진시킵니다. 인간은 자신을 이해할 수 있는 범위에서 다른 사람도 정확히 볼 수 있기 때문입니다.

　정확한 자기이해 훈련을 통한 올바른 진로교육으로 아이들이 이루고 싶은 '목표'를 설정하고, 그 꿈에 맞는 진로를 계획할 수 있으며, 다가올 난관에 미리 대비할 기회를 마련하여 행복한 미래의 주인공이 될 수 있도록 해야 합니다.

제2장 흥미를 알아야 흥한다. Ⅰ

1. 흥미의 의미

1) 흥미와 직업흥미

흥미(興味, interest)는 어떤 대상 · 활동 · 경험 등에 대해서 계속적으로 그것에 몰두하거나 아니면 그것을 그만두려고 하는 행동경향입니다. 이는 그 강도(强度)가 사람마다 제각기 다른 것이 특징을 갖고 있습니다.

직업흥미는 어떤 특정 직업과 활동에 호의적이고 수용적인 관심과 태도를 갖는 것을 의미합니다.

> 子曰, 知之者不如好之者, 好之者不如樂之者. (論語, 雍也)
> 자왈, 지지자불여호지자, 호지자불여낙지자. (논어, 옹야편)
> – 알기만 하는 사람은 좋아하는 사람만 못하고 좋아하는 사람은 즐기는 사람만 못하다.

흥미를 가지고 일을 한다면, 일을 할 때 행복감과 성취감을 느낄 수 있습니다. 따라서 단순히 해야 하는 일을 하는 사람보다 더 좋은 결과를 가질 가능성이 큽니다. 우리 모두 자신의 흥미를 찾아 매 순간 즐기는 사람이 될 수 있도록 미래를 준비합시다.

2) 흥미와 진로의 관계

◉ 좋아하는 일을 선택하면~?!

미국의 스롤리 블로토닉 연구소는 1960년부터 1980년까지 20년 동안 아이비리그 졸업생 1,500명을 대상으로 '직업 선택의 동기에 따른 부의 축적 여부'를 조사했습니다. 총 졸업생의 83%(1245명)는 돈을 잘 버는 직업을 선택, 나머지17%(255명)는 좋아하는 일을 직업으로 선택했다고 합니다. 20년 뒤 졸업생 1,500명 가운데 101명의 백만장자가 나왔습니다. 그런데 놀랍게도 돈을 선택한 그룹에서는 백만장자가 101명 중 단 1명밖에 나오지 않았습니다. 101명 중 무려 100명이 자신이 좋아하는 일을 직업으로 선택한 사람들이었습니다. (SBS 스페셜 '인재전쟁' 2008년 12월)

돈을 잘 버는 직업 선택 : 좋아하는 일 직업 선택

      1   명 :   100   명

①② 자신이 좋아하는 일을 하다보면, 행복하고 만족하여 잘 하게 되고 오래하게 됩니다. 아이가 좋아하는 것에 관심을 보이고 격려를 해줌으로써 실질적인 능력(적성)을 더욱 발달시키도록 지도바랍니다.

⦿ 요즘 좋아하는 것은 무엇인가요? 좋아하는 과목이나 활동은 무엇인가요?
  요즘 들어 부쩍 관심가거나 고민하는 것들을 자유롭게 뇌구조 그림에 써 보도록 합시다.

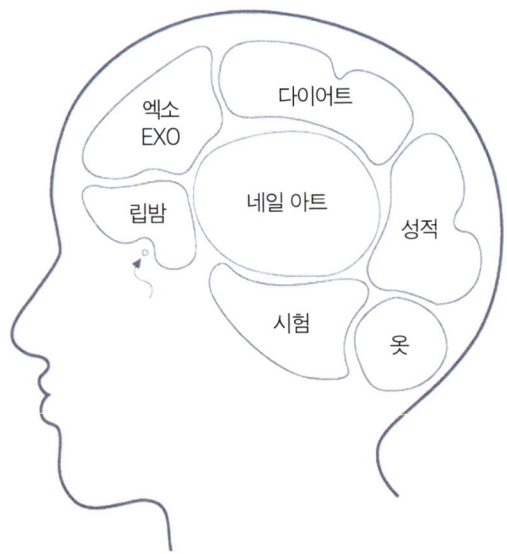

이 활동을 통해 평소 아이의 생각을 알게 됩니다. 아이가 적은 내용을 살펴보면 아이가 중점적으로 관심을 갖고 있는 것을 알게 되며, 다양한 관심사를 통해 하나의 맥락을 찾아가는데 도움이 됩니다.

그림처럼 뇌구조내용이 나왔다고 한다면 아이는 최근 외모에 관심이 많고, 주변의 눈을 의식하는 면이 두드러집니다. 또한, 현재 준비 중인 시험이 있거나 성적에 스트레스를 받고 있다고 보여집니다. 아이의 최근 관심과 문제에 대해 대화하고, 더 많은 것을 알아가는 것이 중요합니다. 대화할 때 비난이나 교훈적인 이야기를 가급적 피하고, 아이의 이야기에 경청, 공감하는 것에 집중바랍니다.

2. 홀랜드(Holland) 흥미 검사

1) 홀랜드 흥미검사란?

이 검사는 진로심리학자인 존 L. 홀랜드의 진로이론에 따라 세상의 모든 직업과 사람들의 직업적 성격을 사회형(S) · 탐구형(I) · 예술형(A) · 기업형(E) · 실재형(R) · 관습형(C) 등 6가지 유형으로 나누었습니다. Holland 이론은 개인과 환경의 일치를 지향하는 이론으로, 개인-환경 간에 상호관계가 존재한다는, 즉 개인이 환경에 영향을 미치고, 환경이 개인에게 영향을 미친다는 기본적인 가정에 근원을 두고 있습니다. 또한, 직업적 흥미는 일반적으로 성격의 일부분으로 여기고 있기 때문에 개인의 직업적 흥미 설명은 개인의 성격에 대한 설명이라고 가정하여 한 직업군에 있는 사람들은 유사한 성격과 비슷한 개인사를 가지고 있을 것이라 합니다.

2) 홀랜드 흥미 검사 실시

커리어넷(www.carec.go.kr)에서 직업심리검사를 통해 자신의 흥미유형을 객관적으로 알아볼 수 있습니다. 검사 결과에 대한 온라인상담 서비스도 받을 수 있습니다.

① 직업흥미검사(K)는 96문항

- K는 초등 권장용이며, 검사결과는 흥미 직업군으로 검사결과가 제시됩니다.

② 직업흥미검사(H)는 141문항(중) 130문항(고) 검사대상 : 중1 ~ 고3

- 이 검사는 중학교 1학년부터 실시가 가능하나, 중학교 2학년부터 고등학교 3학년 까지 실시할 때 가장 적합합니다.

- 검사시간 : 25분(시간제한 없음)

  본 검사는 개인 및 학교, 각종 청소년 상담기관에서 온라인 및 오프라인을 통한 검사 실시와 해석이 가능하며, 검사 결과는 다양한 진로교육 및 상담 자료로 활용 될 수 있습니다.

- 흥미유형의 상위 3개 유형 및 직업군을 확인합니다.

- 제시된 직업들의 정보를 직업사전에서 찾아봅니다.

- 관련 학과를 검색해봅니다.

- 선호직업군의 상위 3개 유형 및 직업군을 확인합니다.

〈직업흥미검사(H) 검사결과 예시〉

다. 나의 직업흥미유형 결과 (T점수)

홀랜드 검사 결과를 통해 알아본 홍길동 학생의 대표적인 직업흥미유형은 C유형 입니다.
6개의 원중 주황색 원은 가장 높은 흥미를 가진 유형을 의미합니다.

검사지에 대한 응답 시 심리적 상태나, 응답자의 이해 방식 등에 따라 그 결과가 차이날 수 있고, 진로 선택에 있어서는 흥미 뿐 아니라 잘하는지에 대한 유능감(능력), 적성, 가치관, 성격, 미래직업 전망 등 다각도로 고려해서 결정해야 합니다.

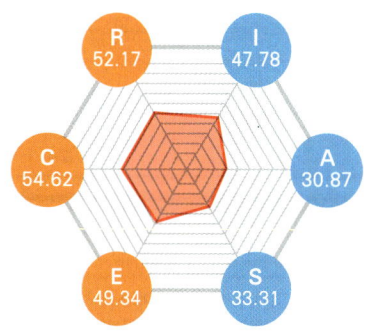

주요 직업 흥미 유형		C유형	
		크다	작다
흥미 유형 육각형 모양	정육각형	모든 분야에 높은 흥미 → 왕성한 열정으로 많은 분야에 관심을 보이지만 선택과 집중도 필요합니다.	모든 분야에 낮은 흥미 → 흥미를 가지고 있는 분야가 거의 없습니다. 기초적인 자기이해가 필요합니다.
	찌그러진	특정 분야에 높은 흥미 → 해당 분야에 대한 지속적인 관심을 가지고 흥미를 발전시켜보세요.	특정 분야에 낮은 흥미 → 해당 분야에 대해 좀 더 구체적이고 상세한 정보를 취합해보세요.
진로교사용 결과표 해석 정보			
설문의 성실도	2.5 / 4.0 점		
긍정 응답률	1. 매우 싫다 (23.8%) 2. 싫다 (29.2%) 3. 좋다 (30%) 4. 매우 좋다 (16.9%)		

3) 나의 유형

- 가장 점수가 높은 뚜렷한 유형이 두 번째 상위 유형 점수와 큰 차이가 없다면 두 유형과의 조합이 여러 면에서 다른 점을 갖게 됩니다. 상위 점수 2개의 유형 조합으로 흥미유형에 해당하는 특징과 대표직업이 달라집니다. 예를 들어 R유형은 말이 적고 사람과 어울리기보다 기구나 도구 다루기를 좋아하는 특성이 두드러지지만, 이 유형이 사람과 어울리기 좋아하는 S유형과 조합을 이루면 성격적 특성이 제 1 유형인 R과 확연히 달라집니다.

- 만약 아이들의 검사결과가 특징적인 성향이 두드러지지 않고 점수가 비슷하거나 낮은 점수대에 비슷하게 분포되었을 경우에는 아래와 같은 경우에 해당되기도 합니다.
  ① 해당 검사에 성의껏 응하지 못했습니다.
  ② 검사결과에 대한 두려움이나 불안으로 솔직하게 답변하지 않았습니다.
  ③ 자신의 성향에 대해서 제대로 답변할 수 없었거나, 각 답변마다 헷갈리거나 고민이 될 만큼 확신이 없습니다.
  ④ 성향의 각 특성이 매우 약하고, 특징적인 성향을 구하기 어렵습니다.

- 검사 결과 각 흥미유형과 관련된 직업에 자신이 원하는 직업이 없을 수도 있습니다. 또한, 위 ④경우처럼 초, 중학생은 성향이 뚜렷하지 않아 정육각형에 가까운 모양으로 나오는 경우가 많은데, 이는 아직 자신의 흥미이해가 부족하기 때문이므로 많은 경험과 지속적 관찰을 통해 찾아갈 수 있도록 지도바랍니다.

4) Holland 흥미 6가지 유형

① 실재형(Realistic)

② 탐구형(Investigative)

③ 예술형(Artistic)

④ 사회형(Social)

⑤ 기업형(Enterprising)

⑥ 관습형(Conventional)

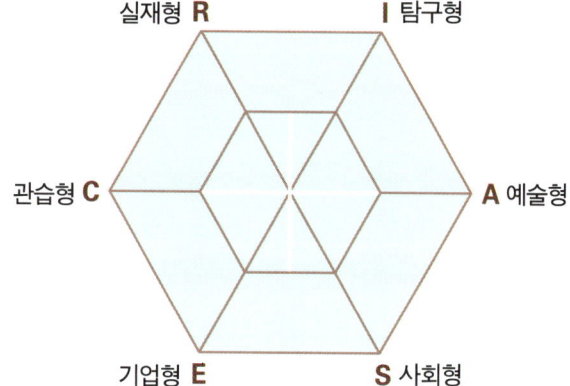

제시된 자료 '6가지 흥미유형의 유형별 특징과 대표직업'은 검사결과에 따른 직업을 탐색하기위한 참고 자료이며 진로 결정 시 절대적 기준이 되지 않음을 유의하기 바랍니다.

제3장

흥미를 알아야 흥한다. Ⅱ

들어가기 전에… 영화 '빌리 엘리어트'

좋아하는 일을 하면, 시간가는 줄도 모르고 자연스럽게 몰두하게 됩니다. 몰두해 있는 동안에는 자신은 일과 하나가 되어 주변을 의식하지 못하게 된다고 합니다. 그 일 때문에 아무리 힘들고 지쳐가도 다시 또 그 자리에 돌아오게 만드는 것은 그 일을 사랑하고, 좋아하기 때문이며, 당연히 그 일을 잘 하게 됩니다.

따라서 아이가 좋아하는 것을 정확히 알고, 몰입할 수 있도록 도와주시기 바랍니다.

1. Holland 흥미검사로 본 나의 성격 유형

◉ 나의 흥미유형과 특징을 2순위까지 작성하고, 두 가지 유형의 특징을 종합하여 나의 성격 유형을 정리해 보세요.

나의 흥미검사 결과와 각 유형별 특징을 서술한 참고자료를 보고, 이해한 것 중에 자신이 생각하는 자신의 특징을 찾아 종합해서 아래 해당 칸에 적어봅니다.

내가 원하는 직업과 검사결과에 제시된 직업이 일치하는 것을 찾아 다음 페이지를 참고하여 작성해봅시다.

	1순위(E)	2순위(S)
특징	경쟁적, 설득적이라 말을 잘 함 사람들고 함께 어울리며, 그 중에 리더가 됩니다.	친절하고 상냥함 다른 사람의 말과 행동에 공감하고 이해하며, 어울려 지내기를 좋아합니다.
종합	사람과 함께 하길 좋아함. 모임에서 도움이 되고, 리더가 되길 원합니다.	
내가 원하는 직업	초등교사, 교장선생님, PD, 광고 기획자	검사 결과 제시 직업	영업사원, CEO, 교장선생님, PD

2. 홀랜드 활동

◉ 나를 사물로 비유하여 적어보고 내 유형별 특징과 나를 비교하여 작성합니다.

나는 _____ 이다.	로켓
이유는 _____ 때문이다.	빠르고 강하고, 거칠게 없다.
내 유형 _E (기업형)_ 와의 공통점	추진력, 경쟁심이 강하고 말을 잘한다.

※ 흥미검사 후 알게 된 내용을 토대로 공통의 유형별 모둠 수업을 진행할 때 아래 항
목을 적고 서로의 아이디어로 다양하게 표현, 발표하는 수업을 할 수 있습니다. 모
둠 수업이나 개인 수업을 할 때 진행해보시기 바랍니다.

질문	대답
자신의 유형을 살펴보고 사물로 표현한다면?	E 기업형 로켓 (거칠 것 없이 빠르게 가는 추진력 표현)
좋아하는 노래는?	*모둠원들이 좋아하는 여러 노래를 적은 후 좋아하는 이유 찾기 밝은 노래, 내가 제일 잘 나가 등
유형을 표현하는 격언이나 속담, 책 내용	왔노라, 보았노라, 이겼노라 성공하는 사람들의 7가지 습관
어떤 종류의 일을 찾나요?	*관심 직업 분야 교육, 사업가, 정치가 등

〈홀랜드 활동 예시〉

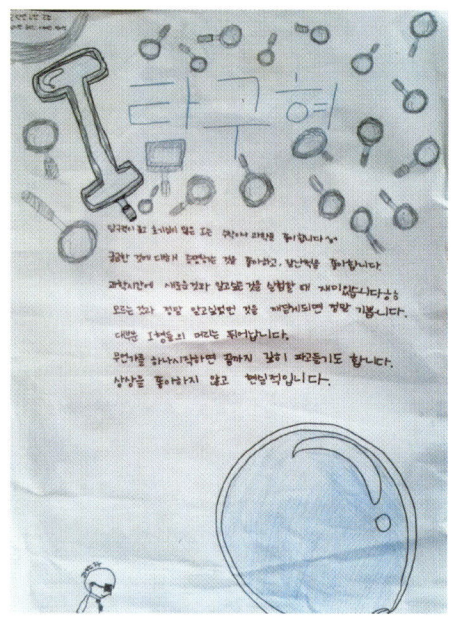

◉ 가족(또는 지인)의 홀랜드 흥미유형을 추측해 보고, 그렇게 생각하는 이유를 적어 보세요. 서로의 유형별 특징을 알게 되면 이해의 폭도 넓어집니다!

이 활동을 통해 자신과 가족의 흥미 유형의 특징을 알게 되면 서로에 대한 이해의 폭이 넓어집니다. 아래 표를 살펴보면, 아빠는 관습형으로 매우 꼼꼼하고 숫자를 좋아하여 안정적인 직업을 좋아하지만, 자녀의 유형은 예술형과 사회형으로 독특하고 활동적이며 사람들과 어울리기 좋아하는 특징을 가지고 있어 아빠가 원하는 직업과는 상이한 직업을 원할 수 있습니다. 이러한 경우 서로의 흥미 유형을 이해한다면 아이가 중심이 되는 진로를 찾도록 도울 수 있습니다. 아이의 진로는 부모가 중심이 아니라 아이로부터 시작해야합니다.

관계	추측 흥미 유형	추측이유 / 직업	나와 같은 흥미 분야
			나와 다른 흥미 분야
아빠	C	평소 매우 꼼꼼하고 잔소리 / 회계사	숫자를 좋아하신다.
			실외 활동을 싫어하신다.
엄마	C, S	깔끔하고 잔소리 / 주부	잘 웃고, 이야기하기 좋아하신다.
			정리된 것을 좋아하신다.
동생	A, S	시끄럽고 엉뚱하다. / 초등학생	놀기를 좋아한다.
			꾸미기를 좋아한다.
할머니	S	항상 상냥하시고 혼을 안 내신다.	항상 친절하시다.
			책을 좋아하신다.

제4장 적성(다중지능)을 알자

1. 적성

1) 적성의 의미

자신이 잘 할 수 있는 일을 우리는 적성에 맞는다고 합니다. 적성이란 특정 직업에 대한 각 사람의 적응능력을 의미합니다. 또한 현재는 보이지 않더라도 적당한 훈련을 가했을 때 발현될 수 있는 잠재가능성을 포함하며, 학습이나 직업에서 개인의 성공가능성을 예측하는 특성이 있고, 다른 일보다 상대적으로 자신이 잘 할 수 있는 능력을 뜻합니다.

2) 적성의 중요성

적성은 직업에 종사할 때 직업만족도와 그 직업에 계속 종사할 수 있는지의 여부에 영향을 미치며, 개인의 직업성공을 예측하는 중요한 지표가 됩니다. 또한 적성의 개발은 개인의 능력과 역량으로 발전합니다.

3) 적성검사

적성검사는 특정분야의 교육 및 직업과 관계되는 활동을 성공적으로 예측하기위해 만들어진 검사이며 개인의 잠재력을 발견하게 하고, 학업이나 진로 결정시 중요한 정보를 제공해 주는 역할을 합니다. 또한 학업이나 직업에서 개인의 성공가능성을 예측하는 도구가 되며 개인이 자신의 진로를 위해 어떠한 노력을 해야 하는지 정보를 제공해 주기도합니다.

2. 다중지능이론을 활용한 적성검사

다중지능이론(Multiple Intelligence)은 1983년 하버드 대학 교육학과 교수인 가드너(Howard Gardner)박사가 주창한 지능 이론입니다. 가드너 박사는 인간의 지능은 IQ테스트처럼 객관적으로 측정할 수 있는 하나의 지능이 아니라 여러 가지가 있으며, 이 모든 지능은 어떻게 개발하는가에 따라 달라질 수 있다고 했습니다.

그는 지능을 '문제를 해결하고 새롭고 가치 있는 것들을 만들어 내는 능력'이라고 정의하고, '마음의 틀'이라는 저서를 통해 인간은 누구나 특별한 지능의 스펙트럼을 가지고 태어난다고 하였습니다. 또한 인간의 뇌 속에는 다양한 지능과 관련된 특정영역이 있어서 그 발달 상태에 따라 지능은 변화한다고 하였습니다.

1) 다중지능이론의 핵심

다중지능은 인간의 지능을 8가지의 영역으로 구성하여 개인마다 다른 지능에 비해 특별히 우수한 강점지능, 보통의 지능, 상대적으로 약하게 발달된 지능이 있다고 합니다. 다중지능이 더욱 큰 의미가 있는 것은 노력여하에 따라 강한 지능은 더 강하게 개발할 수 있으며, 약한 지능이라도 노력하면 적절한 수준까지 발달시킬 수 있다는 점입니다. 또한 8가지 지능들은 하나의 지능이 독립적으로 작용하기 보다는 여러 가지 방식으로 서로 교류 하면서 작용합니다. 예를 들어 노래를 들을 경우 리듬과 멜로디를 이해하는 데는 음악지능이 작용하지만, 가사의 의미까지 생각한다면 언어지능이 작용하게 됩니다. 노래를 들으면서 율동을 배운다면 신체운동까지 작용하게 됩니다.

2) 다중지능 검사의 목적

다중지능검사를 하는 목적은 아이의 적성을 발견하고, 현재를 진단하며, 직업이나 학업 성취여부의 예측, 약점보완과 강점을 더 탁월하게 만들고자 하는 변별과 조정의 목적이 있습니다.

커리어넷 사이트에 접속하여 직업적성(다중지능)검사를 할 수 있도록 지도해 주시기 바랍니다. 커리어넷은 다중지능을 활용한 직업적성검사를 제공하고 있으며, 손재능과 창의력, 예술시각능력 등을 추가하여, 11가지 적성영역으로 표현했습니다. 다중지능의 특징을 말해주기 전에 검사를 하도록 지도해 주시기 바랍니다. 검사 전에 각 영역의 특징을 알게 되면 검사에 영향을 미칠 수 있기 때문입니다.

3) 8가지 다중지능별 특징

검사 후에는 다중지능의 유형별 특징을 살펴볼 수 있도록 지도해 주시기 바랍니다. 8가지 다중지능에는 언어지능, 논리수학지능, 공간지능, 음악지능, 자기이해지능, 대인관계지능, 신체운동지능, 자연친화지능이 있습니다. 각 지능들의 특징을 살펴볼 수 있도록 도와주시기 바랍니다.

1.백분위그래프

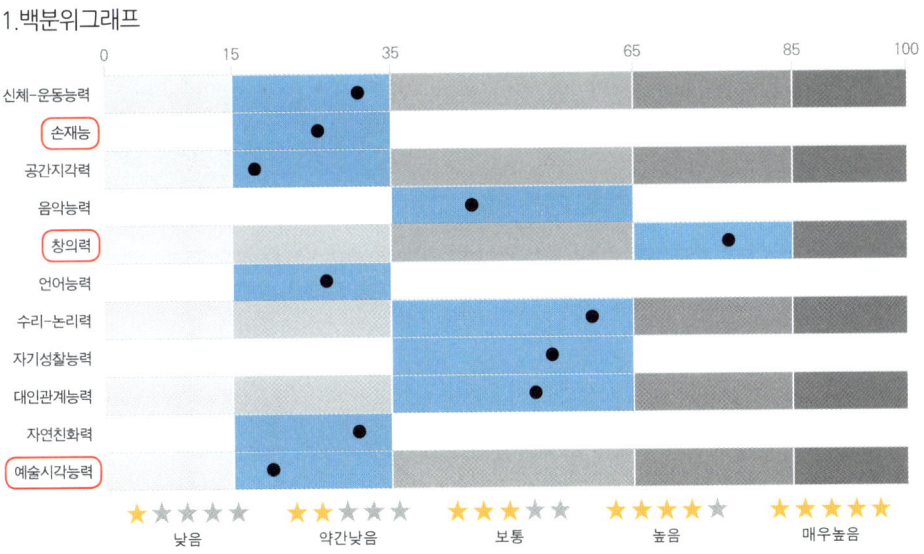

〈커리어넷에 추가된 3가지 지능〉

커리어넷에서는 지능을 '능력'이라고 표현(지능=능력)하였으며 이 8가지 다중지능에 손재능, 창의력, 예술시각능력을 추가하여 11가지 영역으로 구성되어 있습니다. 손재능은 손으로 정교한 작업을 할 수 있는 능력이며 창의력은 새롭고 독특한 방식으로 문제를 해결하고 아이디어를 내는 능력, 예술시각능력은 선, 색, 공간, 영상 등에 민감하게 반응하고 조화롭게 재구성할 수 있는 능력입니다.

⊙ 커리어넷 검사결과 나의 적성과 그 특징은 무엇인지 정리해 보세요.

적성(강점지능)	특징
① 음악능력	정확한 음정으로 노래하거나 악기를 연주하는 능력이 뛰어납니다. 음을 잘 구분하고 감상하는 능력을 가지고 있습니다.
② 창의력	새롭고 특별한 생각을 하는 경향이 있습니다. 아이디어를 잘 떠올리고 실제로 활용하기도 합니다.
③ 손재능	손으로 만드는 일, 꾸미는 일, 정교한 작업을 잘하는 편입니다.

각 유형별 특징과 관련한 활동을 하게 되면 강한 지능은 더욱 발달시킬 수 있고, 약한 지능도 보완할 수 있습니다. 다른 지능보다 낮게 나왔다고 해서 혹시라도 실망하지 않도록 도와주시기 바랍니다. 예를 들어 언어지능이 강한 아이는 말하기와 글쓰기에 관련된 활동을 지속적으로 하게 되면 언어지능이 더욱 개발됩니다.

반면 언어지능이 약점이라 하더라도 언어지능과 관련된 활동을 하도록 지속적으로 도와주면 적정수준까지 그 분야가 개발되기도 합니다.

3. 강점지능에 맞는 직업 찾기

1) 직업만족도와 강점지능의 관계

적성은 진로선택에서 매우 중요한 지표가 됩니다. 'EBS 다큐프라임 아이의 사생활 4부, 다중지능' 편을 보면 직업만족도와 성취에 있어서 적성이 얼마나 중요한 것인지를 알 수 있습니다.

가수 윤하는 다중지능 적성검사 결과 싱어 송 라이터에게 필요한 음악지능, 언어지능, 자기이해지능을 두루 갖추고 있습니다. 발레리나인 박세은의 경우는 신체운동지능, 대인관계지능이 높습니다. 발레리나는 자신의 신체를 이용해 예술적인 표현을 하는 직업이므로 신체운동지능이 다른 영역의 지능보다 뛰어나야 하며, 동료들과의 관계, 무대매너에 있어서 대인관계지능이 필요합니다.

또한 자신의 직업이나 일에서 성공과 만족감을 느끼는 사람들은 공통적으로 '자기이해지능'이 높게 나타났습니다. 이 연구는 우리에게 직업만족도와 성공에서 자신에 대해 아는 것이 얼마나 큰 영향을 주는지를 깨닫게 하는 지표입니다.

반면에 어떤 사람들은 인정받는 좋은 직업에 종사하고 있더라도 현재 직업에 만족하지 못하고 이직을 생각하고 있었는데 이들은 자신의 강점지능과 일치하지 않는 직업을 선택한 경우입니다. 이렇듯 적성은 진로를 선택함에 있어서 굉장히 중요한 부분입니다.

2) 다중지능별 적합한 직업

다중지능의 특징과 적합한 직업을 살펴보고 관심 직업을 찾아보도록 도와주시기 바랍니다.

◉ 커리어넷 검사결과 나의 강점지능에 어울리는 추천직업 중 관심직업(2~3가지)은 무엇인지 정리해 보세요.

주요적성(강점지능)	추천직업	나의 수준(보완해야 할 능력)
① 음악능력	지휘자, 음향기사	대인관계능력
② 창의력	보석디자이너, 시각디자이너	예술시각능력
③ 손재능	한복사	예술시각능력

주요적성에 따라 추천된 직업 중 관심이 있는 직업을 2~3개 정도 선택할 수 있도록 합니다. 또 해당직업에 대한 자신의 수준 정도와 부족한 능력을 키울 수 있는 방법도 제시가 되어 있으니 잘 살펴본 후 정리 할 수 있도록 도와주시기 바랍니다.

제5장

내 삶의 기준, 가치관

1. 가치란 무엇일까?

가치란 사람을 사람답게 만드는 생각이며, 인간의 행동에 영향을 주는 바람직한 것을 의미합니다. 사람이라면 누구나 존경과 인정을 받는 훌륭한 사람이 되고 싶은 마음을 소유하고 있습니다.

문제를 풀어보면서 한 사람의 가치관이 자신의 삶의 방향에 얼마나 영향을 미치는지에 대해 알 수 있도록 지도해 주시기 바랍니다.

◉ 다음 명언들을 읽고 이런 명언을 가진 사람은 어떠한 가치를 가지고 있는지 〈보기〉에서 골라 빈칸에 써보세요.

명언	가치
"네 소원이 무엇이냐"고 하느님이 물으신다면 나는 서슴지 않고 "내 소원은 오직 대한독립이요."하고 대답할 것이다. –백범 김구	애국심
평화로 가는 길은 없다. 평화가 길이다. –간디	평화
나는 꿈이 있습니다. 나의 네 자식들이 이 나라에 살면서 피부색으로 평가되지 않고 인격으로 평가 받게 되는 날이 오는 꿈입니다. –마틴 루터 킹	평등
사람이 얼마나 행복한가는 그의 감사의 깊이에 달려 있다. –죤 밀러	감사
무지개를 보려면 비를 참고 견뎌야 한다.	인내

보기

인내, 평화, 믿음, 사랑, 애국심, 감사, 평등, 봉사

2. 가치관과 나의 핵심가치 찾기

1) 가치관

가치관은 세상을 바라보는 시각이며, 자기 삶에서 무엇이 중요하며, 옳은가를 판단하는 관점입니다. 개인은 가치관으로 선택의 기준을 삼고, 삶의 방향을 정하게 됩니다.

2) 다양한 가치관

가치관은 문화권마다 다르고, 문화권 내에서도 국가적으로 다르고, 국가적으로는 집단끼리 다르고, 집단 내에서도 개개인마다 다릅니다. 따라서 보편적인 가치관은 있을 수 있겠지만 동일한 가치관은 있을 수 없습니다. 또한 개인마다 세상을 바라보는 시각과 어디에 더 비중을 두고 있는지가 다르므로 무엇이 옳다, 그르다로 얘기할 수 없습니다.

3) 나의 핵심가치는 무엇일까?

핵심가치는 개인이 인생을 살아갈 때, 세상의 수많은 가치 중에서 가장 우선적으로 여기는 가치입니다. 핵심가치는 사람마다 다르며 자신이 생각하는 핵심가치에 따라 삶의 방향이 정해집니다. 선택이나 갈등상황에서 개인은 자신이 중요하게 여기는 핵심가치를 기준으로 의사를 결정하기 때문입니다.

특히 핵심가치는 기업에서 조직을 체계적으로 관리하고 갈등을 해결하며, 나아갈 방향을 제시하고자 많이 사용합니다. 서로 다른 생각을 가진 직원들의 의견이 하나로 모아지지 않으면 기업 내에는 많은 갈등이 발생하게 됩니다. 이럴 때 기업이 추구하는 핵심가치가 있다면 선택의 기준이 명확하고 모두가 같은 기준을 가지고 결정을 내릴 수 있어 의사결정이 쉬워질 것입니다.

'삼성 에버랜드 이야기'와 '정직한 청년 에이브'를 읽어보고, 아이가 핵심가치의 의미와 중요성을 생각해 보도록 도와주시기 바랍니다.

'삼성 에버랜드 이야기'

삼성에버랜드는 '행복을 파는 곳'이란 핵심가치를 가지고 있었기 때문에 어려움에 처한 고객을 보았을 때, 직원은 고객의 행복을 위해 기업의 핵심가치를 실천할 수 있었던 것입니다.

'정직한 청년 에이브'

'정직한 청년 에이브'는 링컨 대통령의 정직이란 핵심가치가 잘 드러난 이야기입니다. 만약 링컨이 정직이라는 가치를 중요하게 생각하지 않았다면 거스름돈 6센트를 돌려주기 위해 밤늦은 시간에 앤디 할머니 댁까지 찾아가지는 않았을 것입니다.

◉ 당신이 선택한 다섯 가지의 가치는 무엇인가요?

1	2	3	4	5
신앙	지혜	의지	용기	인내

◉ 한 참을 잘 가다가 배에 구멍이 났습니다. 도착지점까지는 얼마 남지 않았지만 2가 지의 짐은 버려야 배가 가라앉지 않고 앞으로 나갈 수 있습니다. 당신은 3가지의 짐을 배에 남기고 나머지는 버려야 합니다. 당신이 끝까지 가지고 갈 3가지의 가치는 무엇인가요?

(신앙 , 지혜 , 용기)

– 상황을 정해주고 제시한 가치단어 중에서 자신이 중요하게 여기는 핵심가치를 알아보는 활동입니다. 색종이로 종이배를 접고, 포스트잇에 선택한 가치 단어를 써서 배에 붙이도록 하면 더욱 재미있게 활동할 수 있습니다.

3. 나의 직업가치관 우선순위

1) 직업가치관

직업가치관은 직업의사결정과 진로 및 직업상담시 참고자료로 활용도가 매우 큽니다. 또, 희망직업이 가치관과 부합하는지 비교가 가능하여 스스로 직업을 탐색하는데 참고가 됩니다. 이처럼 직업가치관은 진로 의사 결정 측면에서 중요하게 작용합니다.

직업가치관은 내재적가치관과 외재적 가치관으로 구분할 수 있습니다. 내재적 가치관을 중시하는 학생들은 대체로 자신의 직업을 통해 내적인 만족을 얻고자 하는 경향이 높습니다. 내재적 가치관에는 성취, 봉사, 변화지향, 지식추구, 직업안정, 자율성 등이 있습니다.

반면 명예나 연봉, 능력, 지위 등 외재적 가치관을 중시하는 학생들은 대체로 직업에서의 수행과 결과를 중요하게 여깁니다. 즉, 자신의 직업이나 맡은 일에서 능력을 발휘하고 성취했을 때 만족을 느끼는 경향이 높습니다.

2) 직업가치관의 역할

직업선택 시 직업가치관은 결정의 기준과 방향이 되고, 직업선택에 필요한 자료를 제공해 주며, 직업만족도에 중요한 영향을 미칩니다.

예를 들어 경제적 보수를 중요하게 여기는 사람은 경제적 보상을 많이 해 주는 직업을 선택하기 쉬우며, 직업선택 시 다른 어떤 사항보다 보수를 어느 정도 지급하는가에 대한 관심이 많을 것입니다. 또한 자신이 일한 것에 대해 경제적으로 보상받는 것을 중요하게 여기기 때문에 봉사의 성격이 강한 곳이나 일을 한 만큼의 보상이 이루어지지 않는다고 생각되면 그 직업에서 만족하기 어려울 것입니다.

사람마다 추구하는 가치가 다르기 때문에 자신이 중요하게 생각하는 가치관을 만족시키는 직업을 살펴볼 수 있도록 도와주시기 바랍니다. 이때 어떤 가치관이 좋다, 나쁘다로 생각하지 않도록 해야 합니다. 사람마다 생각과 가치관이 다르므로 다름을 인정해야 함을 알도록 지도해 주시기 바랍니다.

3) 나의 직업가치관 우선순위

내적 직업가치를 중시 여기는 경우 직업이나 일에서 내적 만족을 추구하는 경향이 높습니다. 이런 사람은 자신이 좋아하는 일을 할 때 만족도가 높아집니다. 따라서 직업 적성보다는 직업흥미를 기준으로 직업을 선택하는 것이 좋습니다.

반면 외적 가치를 우선하는 사람은 직업이나 일의 수행이나 결과를 중요하게 여기는 경우가 많습니다. 이런 사람은 자신의 직업이나 맡은 일에서 능력을 발휘 할 때 큰 만족을 느낍니다. 따라서 흥미보다는 직업적성을 기준으로 직업을 선택하는 것이 좋습니다.

◉ 직업가치관 검사 후 결과지를 참고하여 자신이 중요시 여기는 가치관에 숫자로 우선순위를 적어보세요.

- 커리어넷에서 직업가치관 검사를 한 후 결과지를 보면서 자신이 중요하게 여기는 직업가치관을 정리해 볼 수 있도록 도와주시기 바랍니다. 그래프 상에서 제일 높게 나온 점수가 1순위가 됩니다.

* 직업생활과 관련하여 이**님은 능력발휘와 사회적 인정을 가장 중요하게 생각합니다. 반면에 안정성, 사회봉사는 상대적으로 덜 중요하게 생각합니다.

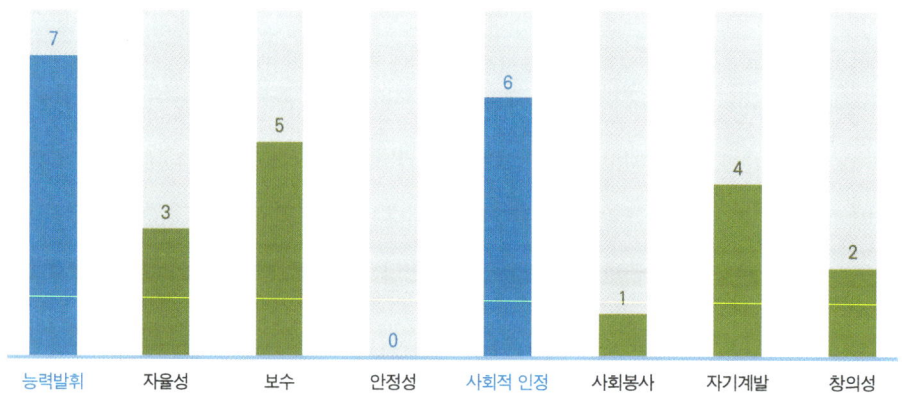

순위	직업가치관	특징
1	능력발휘	나는 능력을 충분히 발휘할 수 있을 때 보람과 만족을 느낀다.
5	자율성	나는 어떤 일을 할 때 규칙, 절차, 시간 등을 스스로 결정하길 원한다.
3	보수	나는 충분한 경제적 보상이 매우 중요하다고 생각한다.
8	안정성	나는 매사가 계획한대로 안정적으로 유지되는 것을 좋아한다.
2	사회적 인정	나는 다른 사람들로부터 나의 능력과 성취를 충분히 인정받고 싶어 한다.
7	사회봉사	나는 사람, 조직, 국가, 인류에 대한 봉사와 기여가 가능한 직업을 선택할 것이다.
4	자기계발	나는 항상 새로운 것을 배우고 스스로 발전해 나갈 때 만족을 느낀다.
6	창의성	나는 예전부터 해오던 것 보다는 새로운 것을 만들어 내는 것을 매우 좋아한다.

참고 : 커리어넷(www.career.go.kr)

◉ 직업가치관 검사 결과를 참고하여 자신의 직업가치관 우선순위에 따른 추천직업 중 관심직업을 3개씩 정리해봅시다.

– 커리어넷에서는 개인이 중요하게 생각하는 직업가치관을 만족하는 직업정보를 직업 종사자의 평균 학력별, 전공별로 제시해 주고 있습니다. 제시된 직업가운데 관심 직업을 3개씩 선택하도록 도와주시기 바랍니다.

〈표〉 종사자 평균 학력별

분야	직업명
고졸	시인, 운동선수, 프로게이머
전문대졸	스턴트맨
대졸	국악인, 금융자산운용가(펀드매니저), 기자, 노무사, 방송연출가, 변호사, 비행기조종사, 성우, 성직자, 소설가, 이미지컨설턴트, 인문계중등학교교사, 일반공무원, 자연계중등학교교사, 재료공학기술자, 제품디자이너, 직업군인, 직업상담 및 취업알선원, 초등학교교사, 판사
대학원졸	사회학연구원, 상담전문가, 생물학연구원, 심리학연구원, 에너지공학기술자, 장학사, 지질학연구원, 통역가, 투자분석가(애널리스트)

나의 직업우선가치	추전직업(학력별)	추천직업(전공별)
1. 능력발휘	변호사, 상담전문가 인문계중등학교 교사	방송연출가, 상담전문가, 인문계중등학교 교사
2. 사회적인정		

제시된 직업 중 관심 있는 직업에 대해 자세히 알고 싶을 경우 직업이름을 클릭하면 바로 상세한 직업정보를 알 수 있도록 되어있습니다.

직업가치관 검사 후 추가활동으로 학과정보 및 직업정보를 탐색하도록 도와주시고, 자료실에 가치관검사 활용안내서와 활용카드도 다운받아 활용하시면 좋습니다.

※ 검사 후 이런 활동을 해보아요

1) 커리어넷(www.career.go.kr)에서 학과정보 및 직업정보 탐색해 보기

> 학과정보 바로가기   직업정보 바로가기   직업정보 전자책

2) 커리어넷 사이버 상담실에서 상담 사례를 찾아보거나 상담을 신청하여 답변 받기

> 진로상담 바로가기

3) 상담자에게 도움 청하기(학교 진로진학상담교사, 교육청의 진로진학지원센터 등)

4) 커리어넷에 탑재된 UCC 수상작 한편을 시청하고 자신의 UCC 만들기에 도전해 보세요.

※ 교사 및 학부모를 위한 정보

커리어넷에 직업가치관검사 활용안내서와 검사 활용 카드가 업로드되어 있어요.　　　자료다운로드

제6장 내일의 내 일!

1. 직업이 뭐야?

◉ 직업의 이름을 아는 대로 최대한 많이 써보세요.

　– 학생들이 직업을 얼마나 알고 있는지 사전지식을 알아보기 위한 활동입니다. 힌트를 주지 말고 아는 대로 직업을 써보도록 합니다. 시간 여유가 있다면 돌아가면서 자신이 쓴 것을 부르고 빙고게임을 해도 좋습니다. 빙고게임을 할 때는 몇 가지 지킬 사항이 있습니다. 예를 들어 연예인은 가수, 탤런트, 성우 등으로 분류해서 써야 합니다. 법조인도 검사, 판사, 변호사 등으로 쓰도록 합니다.

　그러나 의사, 교사의 경우는 소아과 의사, 산부인과 의사, 영어교사, 국어교사로 나누어 쓰지 말고 하나로 묶어 쓰도록 지도해주시기 바랍니다.

◉ 다음 중 직업이라고 생각하는 것에 ○표 하세요.

① 전업주부　（ X ）-전업주부는 노동 후에 경제적 보수를 받지 않습니다.

② 학생　　　（ X ）-학생은 경제적 보수를 받는 활동이 아닙니다.

③ 목사　　　（ O ）-봉사로 생각하는 경우가 많으나 보수를 받는 직업입니다.

④ 자원봉사　（ X ）-경제적 보수를 받는 것이 아니므로 직업이 아닙니다.

⑤ 도둑　　　（ X ）-윤리적 법의 테두리 안의 규범적 사회활동이 아닙니다.

◉ 다음은 직업의 역할을 설명한 것입니다. 관계있는 것끼리 연결해 보세요.

① 생계유지의 역할　　　　　　　　　　　　꿈을 이룸

② 사회적 역할 분담의 역할　　　　　　　　의 · 식 · 주 해결

③ 자아실현의 역할　　　　　　　　　　　　사회적 참여

2. 진로정보탐색

1) 진로정보란?

진로정보란 개인의 진로 개발 과정을 지원하기 위한 모든 정보의 형태를 의미합니다. 진로정보는 진로 의사결정에 중요한 역할을 하기 때문에 자신이 알고 싶은 진로에 대해 정확하고 신뢰할 수 있는 정보를 찾아 탐색하는 능력을 키워주어야 합니다.

하지만 아이가 알고 싶어 하는 모든 진로정보에 대해 부모가 정확한 답을 해주기 어려운 것이 현실입니다. 따라서 아이 스스로 진로정보를 탐색할 수 있도록 믿을 수 있는 진로정보 사이트를 알려주고, 그 정보를 잘 활용할 수 있도록 지도해 주시기 바랍니다. 이렇게 할 때 아이는 주도적으로 진로를 탐색하고 개발해 나가는 역량 있는 사람이 될 것입니다.

2) 진로정보탐색의 중요성

진로정보를 탐색하는 과정에서 진로에 대해 관심이 없던 아이들도 진로에 흥미를 가질 수 있고, 동기를 자극받기도 합니다. 사람은 아는 만큼 볼 수 있기 때문입니다.

탐색과정에서의 진로정보들은 학생들의 진로의사 결정에 영향을 미칩니다. 또한 진로에 대해 막연한 생각을 가졌었다면 진로정보를 탐색함으로써 진로계획을 구체화하게 됩니다.

3) 진로정보탐색의 방법

진로정보를 탐색하기 위해서는 책과 신문 등의 인쇄매체, 개인네트워크(부모님, 선후배, 친인척 등), 직업인 인터뷰 및 진로정보관련 사이트 활용 등의 다양한 방법이 있습니다.

진로정보관련 사이트의 경우 국가차원에서 제공되고 있는 대표적인 사이트를 방문하면 다양하고 풍부한 자료를 무료로 탐색할 수 있습니다. 교재에 안내한대로 커리어넷을 방문하여 진로정보를 탐색하고 정리해 볼 수 있도록 도와주시기 바랍니다.

3. 관심직업 조사하기

⊙ 커리어넷 직업정보 카테고리를 클릭하여 관심직업을 검색란에 입력하고 아래항목에 따라 정보를 정리해 보세요.

  - www.career.go.kr → 직업·학과정보 → 직업정보 → 검색란에 직업 입력 → 검색직업 클릭

직업명	1. 사회복지사	2.
하는 일	사회복지사는 청소년, 노인, 여성, 가족, 장애인 등 다양한 사회적, 개인적 욕구를 가진 사람들의 문제에 대한 사정과 평가를 통해 문제 해결을 돕고 지원	
핵심 능력	언어능력, 자기성찰능력, 대인관계능력	
흥미와 적성	인간존중 및 사회정의에 대한 사명의식, 봉사정신이 필요하며 상대방에 대한 배려와 협동심, 원만한 대인관계를 유지시킬 수 있는 의사소통능력이 요구됨	
취업현황	사회복지사가 되기 위해서는 전문대학, 대학교, 대학원 등에서 사회복지학, 사회사업 등 관련학과를 전공하면 유리함	
직업전망	복지가 향상되고, 고령화 사회가 되면서 전망은 밝은 편인데 일에 비해 보상수준이 낮은 편이다. 근무시간이 길고, 정신적 스트레스가 많음	
관련자격증	사회복지사1, 2, 3급	

진로흥미검사나 적성검사, 가치관검사에서 알게 된 직업의 정보를 탐색해 보는 것도 좋고, 평소에 알고 싶었던 직업에 대해 알아보는 것도 좋습니다. 이 활동을 통해 자신이 원하는 정보를 탐색하고 정보를 정리·활용해 볼 수 있도록 도와주시기 바랍니다.

아이가 관심 있는 직업이 없다고 하는 경우 재미있게 하기위해 '정보사냥게임'을 하는 것도 좋습니다. '정보사냥게임'이란 탐색직업을 정해주고, 해당정보를 정확하게 빨리 찾는 것입니다. 이때 부모님과 함께 누가 더 잘 찾는지 게임처럼 경쟁을 해 보셔도 좋습니다.

제7장

직업은 진화한다

1. 직업은 진화한다

　과거에는 비교적 직업구조가 단순했지만 사회가 발달함에 따라 현대사회의 직업 구조는 다양하고 복잡해졌습니다. 사회가 변함에 따라 직업의 세계는 끊임없이 생성, 성장, 쇠퇴, 소멸을 반복합니다. 전에 인기 있던 직업이었는데 사라지는 경우도 있고, 전에 없던 직업이 새로 생겨나기도 합니다. 어떤 직업은 이전보다 더 발전된 모습으로 성장하기도 하고, 어떤 직업은 쇠퇴하여 아주 드문 직업이 되기도 합니다.

　직업의 세계가 끊임없이 변화하는 이유는 산업구조와 생활양식의 변화에 따라 사람의 필요가 달라지기 때문입니다.

　이처럼 직업의 세계가 끊임없이 변화하고 있기 때문에 현명하게 자신의 진로를 찾기 위해서는 이러한 변화에 능동적으로 대처할 수 있어야 합니다.

⊙ 현재를 기준으로 과거에 있었지만 사라진 직업과 과거에는 없었지만 새롭게 생긴 직업을 써 보세요.

사라진 직업	새롭게 생성 된 직업
버스 안내양	프로게이머
타이피스트	앱 개발자
뱃사공	네일 아티스트
전화교환원	소믈리에
인력거꾼	텔레마케터
굴뚝 청소부 등	웹 디자이너 등

산업구조의 발달과 생활양식의 변화를 통해 사람의 필요가 달라지고, 그 때문에 직업이 생성, 성장, 쇠퇴, 소멸을 하게 됨을 알 수 있도록 지도해 주시기 바랍니다.

2. 다양한 직업세계

1) 이색 직업

다양한 직업세계를 알게 되면 자신의 직업을 선택하는 폭이나 사고가 넓어집니다. 대부분의 아이들이 자주 접하고, 많이 볼 수 있는 직업을 희망하는 경우가 많습니다. 아는 것이 적으면 그만큼 선택의 폭도 적을 수밖에 없습니다.

다양한 직업세계를 알 수 있도록 이색 직업을 소개하는 방법이 있습니다. 이색 직업이란 예를 들어 부루마스터나 캘피그라퍼와 같이 생소하거나 특이해 일상에서 흔히 접할 수 없는 직업입니다. 또한 앱 디자이너와 같이 이전에는 상상조차 할 수 없었던 색다른 직업도 있습니다. 예전에는 미용사가 혼자 전담했던 일(헤어디자인, 피부관리, 메이크업)이 현재에 와서는 헤어디자이너, 피부관리사, 메이크업 아티스트로 좀 더 세분화 · 전문화 된 경우도 있습니다.

교재에 제시되어있는 이색 직업 외에도 아이들이 알고 있는 것이 있다면 그 직업에 대한 정보도 함께 이야기해 보도록 지도해 주시기 바랍니다. 관련 동영상이나 이미지가 있다면 함께 제시해 주시는 것도 좋습니다.

2) 이색 직업의 장점 및 단점

만약 이색 직업을 직업으로 선택한다면 희소성이 있기 때문에 그 분야의 선구자가 될 수 있고, 경쟁자가 적어 많은 돈을 벌수도 있다는 장점이 있습니다.

하지만 상대적으로 일자리가 적고, 그 직업에 대한 교육훈련 체계가 아직 자리 잡히지 않아 직업을 얻기까지 오랜 시간이 걸릴 수 있다는 단점도 있습니다.

아이들이 직업세계에 대해 좀 더 넓고, 창의적인 시각을 가질 수 있도록 개성 넘치고, 독특한 이색 직업의 세계를 알려주시기 바랍니다.

⊙ 다음 직업은 어떤 일을 하는 직업인지 자유롭게 생각해서 작성해 보세요.

부루 마스터	소규모 맥주 양조장에서 맥주제조의 전 공정을 관리하는 양조기술자
장제사	말의 기능, 건강 상태, 말발굽의 형태에 따라 편자를 만들거나 선정하여 말굽에 장착하는 사람
변리사	특허청 또는 법원에 대하여 특허, 실용신안, 디자인 또는 상표에 관한 사항을 대리하고 그 사항에 관한 감정(鑑定)과 그 밖의 사무를 수행하는 것을 업(業)으로 하는 사람

이 활동은 정답을 쓰도록 하기 위한 활동이 아닙니다. 직업명만 제시해 주고 무슨 일을 하는 직업인지 유추해서 쓸 수 있도록 지도해 주시기 바랍니다. 먼저 자신의 생각을 말해 본 후 정답을 찾아보도록 하면 좀 더 재미있게 활동할 수 있습니다.

⊙ 이색 직업에 관한 설명을 읽고 〈보기〉에서 해당 직업을 찾아 괄호에 답을 쓰세요.
① 기업명이나 상표 등 전문적으로 이름을 짓는 직업 (ⓑ)
② 초콜릿을 만들고 초콜릿을 이용해 예술작품까지 만듦 (ⓐ)
③ 붓을 이용해 헤드라인, 타이틀, 로고 등의 글씨를 써서 작품화 함 (ⓓ)
④ 대형 수족관에서 수중생물을 관리, 전시회 등을 기획 함 (ⓒ)
⑤ 미술관의 모든 일들을 처리하고 수행하는 사람 (ⓕ)
⑥ 여러 가지 향료를 섞어 새로운 향을 만들거나 제품에 향을 덧입힘 (ⓔ)
⑦ 날씨 정보를 제공하고 이를 다양하게 활용할 수 있도록 도와주는 직업 (ⓗ)
⑧ 신체적 · 정신적으로 기능이 저하된 사람이 정상적인 생활을 할 수 있도록 다양한 적응 훈련을 돕는 직업 (ⓖ)
⑨ 화보집 촬영을 위해 카메라 앵글 앞에 선 모델들의 포즈를 전문적으로 지도하는 직업 (ⓙ)
⑩ 웃음으로 사람의 마음을 건강하고 즐겁게 하며 그 영향으로 몸이 건강해지도록

돕는 직업 (　　ⓙ　　)

ⓚ 선박들이 오가는 바다 위에서 항만에 입·출항하는 선박에 탑승해 선박을 부두까지 안전하게 인도하는 직업 (　　ⓚ　　)

3. 미래의 직업세계

1) 불확실한 미래

미래 사회의 특징을 살펴보고 직업전망이 어떻게 변화할 것인가를 아는 것은 중요합니다. 왜냐하면 학생들은 지금 당장 직업세계로 뛰어드는 것이 아니라 5년 혹은 10년, 20년 후에 직업 활동을 하게 되기 때문입니다. 현재 인기 있고, 전망이 있다고 해도 미래에는 상황이 다를 수 있음을 알게 하고, 직업세계에 대해 유연한 사고를 할 수 있도록 도와주시기 바랍니다.

2) 미래에 유망할 것으로 예측되는 직업분야

미래직업세계를 예측할 때 우리가 고려하는 것이 바로 직업 전망입니다.

그러나 직업전망을 예측하는 것은 쉬운 일이 아닙니다. 직업전망을 좋다, 나쁘다로 보는 기준은 사회와 시대마다 그리고 개인의 기준에 따라 다르기 때문입니다. 예전에는 무조건 돈을 많이 버는 직업을 전망이 좋다고 했었으나, 최근처럼 명예퇴직, 조기퇴직, 청년실업이 많은 시기에는 안정적인 직업을 전망이 좋다고 할 수도 있습니다. IT산업이 급속도로 발달하고 있는 사회에서는 첨단 분야의 직업전망이 좋다고 할 수도 있고, 환경오염이 대두될 때는 환경 분야 직업을 전망이 좋다고 하기도 합니다.

이처럼 사회가 지속적으로 변화, 발달함에 따라 직업전망도 계속적으로 달라집니다. 현재 인기 있는 직업이 앞으로의 미래에서도 인기가 있고 전망이 있을지는 아무도 장담할 수 없습니다. 따라서 아이들이 직업을 선택할 때는 미래 사회의 변화와 직업의 관계를 반드시 고려해 보도록 해야 합니다.

교재에 제시한 미래에 유망할 것으로 예측되는 직업분야는 미래사회의 산업구조를

바탕으로 예측한 직업분야들입니다.

참고기사

KBS 라디오, 미래의 직업을 분석하다

글. 배선영 sypova@tenasia.co.kr : 2015/02/17

지금 나의 직업은 20년 후에도 사라지지 않고 존재할까? 미국의 일자리 중 47% 가량이 20년 내에 사라진다고 한다. 또 최근 청년들의 취업 문제가 큰 사회 문제로 대두되고 있다. 그런데 과연 취업 문제가 청년들의 문제로만 국한될 것인가?

과학기술의 발달로 세상이 급변하면서 현재 각광받는 수많은 직업이 사라지고, 새로운 직업이 생겨날 것이라는 예측이다. 옥스퍼드 대학의 칼 프레이 교수와 마이클 오스본 교수는 미국의 일자리 중 47% 가량이 20년 내에 사라질 거라는 충격적인 연구 결과를 내놨다. 인공지능으로 작동하는 로봇이나 알고리즘, 빅데이터 기술을 이용한 프로그램이 사람들의 직업을 대체한다는 것이다.

인공지능(AI)은 이번 세기 인류의 가장 큰 위험요소가 되는 셈인 것. 구글이 4억달러를 주고 인수한 영국의 AI 업체 셰인 레그 공동창업자의 말이다. 인공지능과 빅데이터, 알고리즘의 발전으로 많은 직업이 없어지고 빈부격차가 심화된다는 것이다. 호주 정부는 현존하는 직업 중 50만개 가량이 인공지능으로 작동하는 로봇이나 기계로 대치될 것이라는 보고서를 공개하기도 했다. 우리나라도 현재 대학을 졸업하고도 일자리가 없어 취업하지 못한 청년들이 300만 명이 넘어서고 있는 시점에서 수많은 직업이 사라진다는 사실은 미래를 더욱 암울하게 만든다.

초기 로봇이 블루칼라의 직업을 대체 했다면, 알고리즘과 빅 데이터 분석기술의 발달로 이제는 화이트칼라와 중산층의 직업이 위협받고 있다. 과연 가까운 미래에 어떤 직업들이 사라지고 어떤 직업들이 살아남을 것인가, 미래에 유망한 직업은 무엇일까? 미래에 적합한 인재가 되기 위해서 어떤 것들을 교육하고 무엇을 준비해야 할 것인가?

◉ 앞으로 10년 안에 사라질 것 같은 직업을 예측해 보세요.

사라질 직업	하는 일	사라질 것으로 예측되는 이유
우체부	우편물을 배달한다.	자동화가 되어 전자메일 등으로 모두 대체될 것 같다.
114안내원	궁금한 전화번호를 안내해준다.	스마트폰이나 인터넷으로 검색이 다 된다.
간호사	병원에서 환자를 돌본다.	로봇이 대체할 것 같다.

칸은 다 채우지 않아도 됩니다. 미래사회의 특징을 예측해 보고 작성할 수 있도록 이끌어 주시기 바랍니다.

◉ 앞으로 전망이 좋을 것 같은 직업을 예측해 보세요.

유망직업	하는 일	유망하다고 하는 이유
로봇공학 기술자	로봇의 설계, 구조, 제어, 지능, 운용 등에 대한 기술을 연구하는 공학기술자	로봇이 대체하는 일이 많아지게 되어 로봇공학기술이 발달할 것이다.
요양보호사	치매·중풍 등 노인성 질환으로 독립적인 일상생활을 수행하기 어려운 노인들을 위해 노인 요양 및 재가 시설에서 신체 및 가사 지원 서비스를 제공한다.	우리나라가 급속도로 고령화 사회가 되고 있기 때문에 그들을 돌볼 인력이 많이 필요하다.
심리치료사	심리학적 전문 지식을 갖추고 인간의 사고, 감정, 행동, 대인관계, 자기 자신에 대해서 탐색하도록 안내하여 다양한 자신의 문제들을 이해하고 변화하도록 돕는다.	문명과 사회가 발달할 수록 심리적으로 힘든 사람이 많아지기 때문에

◉ 내가 만드는 미래직업! 미래에 생길 것 같은 직업카드를 만들어 보세요.

　미래사회의 특징에 대해 생각해 본 후 직업을 만들어 볼 수 있도록 지도해 주시기 바랍니다. 현재 있는 직업을 서로 결합해 보거나 약간 바꿔보아도 좋습니다. 이 활동의 목적은 아이들이 직업을 갖게 되는 10년 후, 20년 후 직업세계가 현새와 다름을 알게 하고, 직업세계를 이해하기 위해서는 산업구조의 변화와 생활양식의 변화로 인해 사람의 필요가 다르게 된다는 것을 이해하도록 돕는데 있습니다.

예) 악기컬러 아티스트

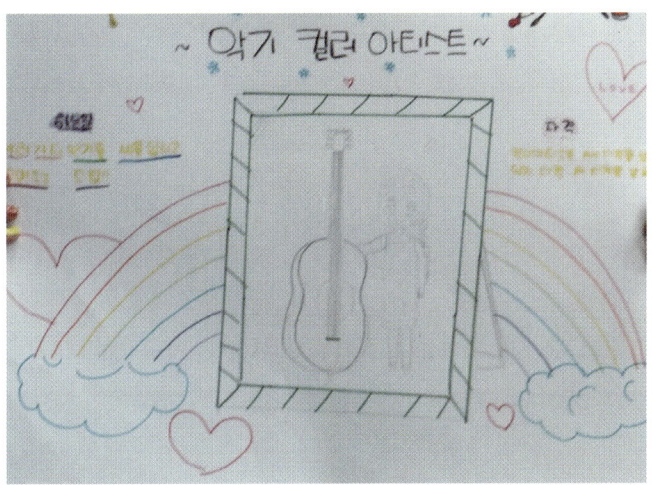

개인의 악기에 개성을 나타낼 수 있는 장식과 컬러를 입혀주는 전문가

합리적인 의사결정

제8장

1. 의사결정

의사결정은 진로상담 및 진로지도의 핵심이라고 할 수 있습니다. 왜냐하면 어떤 의사결정을 하느냐에 따라 개인의 인생과 직업상의 성공, 만족 수준이 좌우되기 때문입니다. 자기이해와 직업세계의 이해 등을 통해 학생들의 진로에 대한 고민이 해결된 결과가 진로의사결정으로 나타나게 됩니다. 본인 스스로의 결정과 선택으로 합리적인 진로의사결정을 할 수 있도록 지도해 주시기 바랍니다.

1) 진로의사결정의 과정

진로교육의 최종목표는 우리가 만나는 학생들이 보다 더 자신에게 맞는 진로를 선택하여 탁월한 의사결정을 하도록 돕는 것입니다. 진로결정의 과정은 자기이해에서 출발하여 직업세계에 대한 탐색을 거쳐 의사결정으로 꽃을 피우게 됩니다. 그동안 했던 진로교육의 과정들이 모두 중요하지만 이 모든 과정이 자신에게 맞는 진로의사결정을 위한 과정이었음을 알려주시기 바랍니다.

2) 진로의사결정의 유형

우리는 대체로 선택상황에서 자신도 모르게 일정한 패턴을 가지고 의사결정을 합니다. 의사결정유형이란, 우리가 어떤 선택 상황에 부딪혔을 때 결정을 내리기 위해 문제상황을 파악하고 대처하는 결정 방식을 유형별로 구분한 것입니다.

의사결정 유형에는 직관적 유형, 의존적 유형, 합리적 유형이 있습니다. 직관적 유형은 자신과 상황에 대해 느껴지는 감정이나 느낌에 따라 의사 결정하는 유형입니다. 여기서의 직관은 즉흥성을 포함하고 있습니다. 의존적 유형은 의사결정시 타인의 영향을 많이 받으며 수동적인 결정을 따르는 유형입니다. 합리적 유형은 자신의 상황을 고려하고, 여러 가지 다양한 정보를 수집, 논리적으로 분석하여 최선의 대안을 선택하는 유형입니다.

하교 길에 음료수를 사먹는 친구 A, B, C 의 대화에서 A는 자신의 감정에 따라 콜라를 선택하고, B는 친구가 하는 대로 콜라를 선택했으며, C는 자신이 알고 있는 정보와 자신의 상황을 고려해 오렌지 주스를 선택했습니다. 이렇게 일상생활 속에서도 의사결정의 유형을 살펴볼 수 있다는 것을 예로 들어 주시면 좋습니다.

3) 진로의사결정 유형별 장점 및 단점

유형별 설명을 하다보면 아이들은 합리적 유형이 가장 좋은 유형이라고 생각하는 경향이 있습니다. 대부분 합리적 유형이 가장 좋은 유형이라고 알고 있지만 표를 보면 알 수 있듯이 각각의 유형이 적합한 상황이 있습니다. 각 유형마다 장점도 있지만 단점도 있기 때문에 적합한 상황에 적절한 유형으로 의사결정을 해야 현명한 결정을 할 수 있습니다. 긴급한 상황에서는 직관을 발휘해 빨리 의사결정 하는 것이 합리적일 수 있고, 자신이 잘 모르는 분야에서는 전문가의 의견을 듣는 것이 합리적일 수도 있습니다.

그러나 크고 중요한 문제에 대한 의사결정은 반드시 합리적으로 의사 결정해야 합니다. 따라서 합리적으로 의사결정 한다는 것은 상황에 따라 적합한 의사결정 방식으로 의사결정을 하는 것입니다.

◉ 위의 표를 보고 어떤 의사결정 유형인지 써보세요.
　① 감정에 따라 의사결정을 한다. (직관적 유형)
　② 정보를 수집하고 신중하게 결정한다. (합리적 유형)
　③ 타인의 의견을 따르는 경향이 강하다. (의존적 유형)
　④ 신속하고 빠른 장점을 가졌지만 실패확률이 높은 편이다.(직관적 유형)
　⑤ 다양한 의견수렴이 가능하나 잘못될 경우 남의 탓을 한다. (의존적 유형)

⑥ 실패확률이 낮으나 신중함이 지나치면 기회를 놓칠 수도 있다.(합리적 유형)

◉ 진로문제와 같이 중대하고 큰 문제를 결정할 때는 어떤 의사결정 유형이 바람직할까요?
　① 합리적 유형　　② 직관적 유형　　③ 의존적 유형

2. 합리적인 의사결정 5단계

　진로에서 의사결정이 중요함에도 불구하고 합리적인 의사결정을 하는 것은 힘든 일입니다.

　그러나 다행히도 의사결정능력은 훈련과 연습을 통해 향상할 수 있습니다. 물론 처음에는 합리적 의사결정을 하기까지 많은 시간이 소요되고 어렵게 느낄 수 있지만, 반복하다보면 합리적인 결정을 직관적으로 할 수 있는 단계까지 도달할 수 있습니다. 아이들이 합리적 의사결정을 연습할 수 있는 기회를 자주 마련해 주시기 바랍니다.

◉ 다음의 예제를 통해 합리적 의사결정을 연습해 봅시다.

　합리적 의사결정의 단계에 따라 의사결정을 하기가 쉽지 않을 수 있습니다. 아이가 어려워 할 경우 교재의 문제를 함께 해결해 보고, 자신의 진로문제나 다른 문제로 의사결정 5단계를 연습하도록 지도하는 것도 좋습니다.

　대안의 기준은 아이가 자유롭게 생각하여 적을 수 있도록 도와주시기 바랍니다.

　(예: 급여, 직업만족도, 직업전망 등)

합리적 의사결정 5단계로 시온이의 새 직업 찾기

1. 문제인식/ 문제 명료화(무엇이 문제인가?)

    : 자폐증 환자인 시온이의 새로운 직업 찾기

2. 정보수집과 대안탐색 (시온이의 흥미, 적성, 환경, 직업에 대한 정보 등)

    – 정보수집

    : 자폐증, 천재적 암기력과 공간지각력, 동물을 좋아함, 그림을 잘 그림, 아이들을 좋아함, 좋아하는 것을 반복함, 삼각 김밥을 좋아함.

    – 대안 탐색

    : 수의사 – 동물을 좋아하고 의학적 지식도 뛰어나기 때문

    : 화가 – 그림을 잘 그리고 주로 혼자 조용히 하는 일이기 때문에 잘 맞을 것 같음

3. 대안 및 기준 설정

    대안1) 수의사

    대안2) 화가

    기준설정   ① 흥미 ② 적성 ③ 근무시간 ④ 급여 ⑤ 직업만족도 ⑥ 직업전망

4. 대안의 평가

대안 ＼ 기준	대안 1. 수의사	대안 2. 화가
흥미	○	○
적성	○	○
근무시간	9시~ 6시	자유로움

급여	연봉 4436만원	못 벌수도 있고 잘 벌수도 있음
직업 만족도	82%	높을 것임
직업전망	늘어날 전망 76%	미지수

(급여, 직업만족도, 직업전망의 정보는 워크 넷의 직업정보 참조)

5. 그래, 결정했어!(의사결정)

: 수의사

시온이는 자폐가 있지만 의학적 지식에 있어서는 뛰어난 적성을 가지고 있고, 동물을 좋아하고, 교감하는 능력도 있다. 사람과 소통하는 데는 문제가 있지만 동물을 치료하면 행복하게 일하면서 자신의 좋아하는 일을 잘 할 수 있을 것이다. 그리고 가끔 치료한 동물을 그려주면 다들 좋아할 것이다. 반면에 화가는 생활이 불안한 면이 있어서 수의사로 결정하였다.

제9장 꿈의 징검다리, 목표

알아 두면 좋은 글

바람은 이루어지지 않는다. 하지만 꿈은 반드시 이루어진다. '바람(hope)'이 이루어지지 않은 것은 '바람wind'같기 때문이다. 바람(wind)처럼 찾아왔다가 바람(wind)처럼 가버리기 때문이다.

우리의 마음속에는 바람(hope)이 수시로 찾아온다. 아무리 무감각한 사람일지라도 '나도 저런 삶을 살고 싶다.'라든가 '나도 저렇게 살아봤으면……'하는 마음을 갖는다는 말이다.

하지만 그때 뿐이다. 적게는 몇 시간, 많게는 몇 년이 지나면 그런 바람은 흔적도 없이 사라진다. 바람(wind)처럼 가버린 것이다. 바람을 이루고 싶다면 꿈으로 전환해야 한다. 바람은 저절로 주어지지만 꿈은 만드는 것이기 때문이다.

혹시 마음 속에 늘 꿈꿔오던 바람이 있는가?

그렇다면 지금 마음의 손가락을 뻗어서 그 바람을 붙잡아라. 그리고 이미 바람을 이룬 나의 모습을 생생한 그림으로 만들어서 마음 깊은 곳에 저장해두어라.

-이지성의 〈꿈꾸는 다락방2〉 중에서

1. 꿈 시각화의 의미와 중요성

이루고 싶은 꿈을 볼 수 있는 것으로 시각화 하면 실현될 가능성이 커집니다. 막연하게 생각이나 상상만 하지 말고, 자신의 꿈을 시각화하여 꿈의 설계도와 청사진을 만들어 보도록 도와주시기 바랍니다.

1) 꿈을 이루는 공식

- R=VD (Realization = Vivid Dream) : 생생하게 꿈꾸면 현실이 된다.
- 생생하게 꿈꾸기 위한 방법은 종이위에 시각화 하고, 구체화하여 자주 보고, 실천하는 것입니다.

2) 꿈을 시각화하는 다양한 활동

꿈을 시각화 하는 활동은 다양합니다. 이러한 활동들은 자신이 원하는 목표와 꿈을 구체화 하는데 큰 도움이 됩니다.

① 꿈 리스트 작성하기는 아직 꿈이 없다고 하거나 진로설정이 확실치 않은 학생들에게 권하면 좋은 활동입니다. 이때, 바로 꿈 리스트를 쓰기 보다는 꿈 리스트를 써서 자신의 꿈을 이룬 사람들의 사례를 보여주어 시각화 자료가 갖는 힘과 중요성을 알려주면 좋습니다. 〈존 아저씨의 꿈의 목록〉이란 책으로 유명한 존 고다드는 자신의 꿈 리스트를 종이위에 쓰고 시각화하여 많은 꿈을 이룬 사람입니다. 〈멈추지마, 다시 꿈부터 써 봐〉의 저자 김 수영씨도 꿈 리스트를 종이위에 써서 꿈을 이룬 사람입니다. 이들의 사례를 아이에게 제시해 준 후 꿈 리스트를 써볼 수 있도록 지도해 주시기 바랍니다.

② Vision map 만들기

비전(vision)이란 내다보이는 장래의 상황, 미래의 목표, 전망, 꿈 등을 의미합니다. 지금현재 내 미래나 꿈이 보이지는 않지만 나의 미래나 꿈, 장래의 상황을 내다보는 것이 바로 비전입니다. 비전 맵은 자신의 꿈을 이룬 모습과 꿈을 이루기 위한 과정을 나타내는 꿈의 지도입니다. 명확하게 자신의 꿈이나 목표를 가지고 있는 경우라면 위에 제시된 자료와 같이 비전 맵을 만들 수 있습니다. 제시된 자료를 보면 황○○ 학생은 사회복지사가 되어 사회복지기관도 세우고, 국제구호운동은 물론 영향력 있는 사람이 되겠다는 비전을 가지고 있습니다. 사회복지사가 되기 위해 어느 대학을 갈 것이며, 학습은 어떻게 할 것인지 학습에 대한 계획까지 비전 맵으로 그린 경우입니다. 그러나 아직까지 하고 싶은 것이 무엇인지 모르겠다고 하는 아이가 있다면 제시된 예시 자료와 같이 자신에 대한 탐색이나 앞에서 했던 꿈 리스트 항목을 가지고 꾸며보도록 하는 것도 좋습니다.

③ 명함 만들기

미래 자신의 명함을 만드는 것도 시각화 활동입니다. 시작하기 전에 학생들이 자신의 미래의 모습을 상상해 볼 수 있도록 합니다. 타임머신을 타고 미래에 가서 자기가 성공한 최고의 모습을 보고 난 후 자신의 직업을 명함으로 꾸며보라고 합니다. 명함이 무엇인지, 그리고 명함에는 어떤 것들이 표현되는지를 이야기 나눈 후 활동을 하도록 합니다.

④ 비전선언서 작성하기

비전선언서 작성은 종이 위에 자신의 비전을 쓰는 활동입니다. 이 활동은 자신의 꿈을 좀 더 명확하고 구체적으로 표현하여 자기 삶의 가치관까지 드러낼 수 있는 활동입니다. 예시 자료로 제시한 비전선언서를 보면 빵을 맛있게 만드는 파티쉐가 되어 빵을 좋아하는 사람들에게 맛있는 감동과 기쁨을 주는 사람이 되고 싶다는 비전을 선언한 것을 볼 수 있습니다. 이처럼 비전선언서는 꿈을 이룰 때 어떤 가치를 추구하며 살 것인지 까지 표현되므로 우리 삶의 나침반의 역할을 할 수 있는 도구입니다.

⑤ 미래일기 작성하기

미래일기는 글로 생생하게 꿈꾸는(vivid dream) 방법으로 미래의 일기를 작성해 보는 활동입니다. 주인공을 자신으로 하여 미래 어느 날, 시간, 장소 등을 구체적으로 떠올려 보도록 한 후, 감정과 기분, 느낌을 살려 생생하게 일기를 써보도록 합니다.

3) 꿈과 목표

꿈과 목표는 마감시간과 실행계획이 있느냐에 따라 차이가 있습니다. 마감시간과 실행계획이 있는 것은 목표입니다. 목표는 기한을 정하여 언제까지 달성하고야 말겠다는 굳은 의지와 행동지향적인 성격을 띱니다. 꿈이 있다하더라도 그 꿈을 이루기 위해서는 꿈을 현실로 바꿔주는 징검다리, 즉 목표를 설정하는 전략과 기술을 익혀야 합니다. 꿈은 있는데 목표가 없다면 그것은 몽상입니다.

목표를 정할 때는 전략과 기술이 필요합니다. 이상목표를 이루기 위해서는 과정목표와 구체적인 행동목표 까지 세울 수 있어야 합니다. 또 각각의 목표를 수립 시 실행력을 높여줄 수 있는 SMART기법을 활용하면 목표가 보다 분명해 집니다.

◉ 꿈 리스트 가운데 하나를 목표로 정하여 이상목표, 과정목표, 행동목표를 세워봅시다.
SMART기법을 활용하여 마감시간과 숫자를 넣어 구체적으로 계획해 보세요.

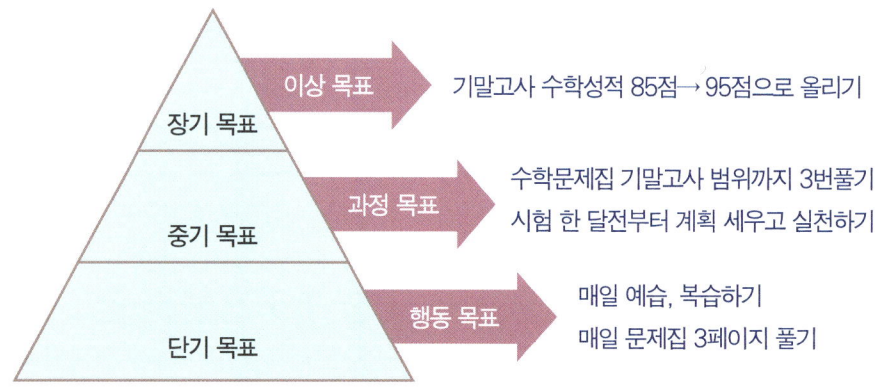

아이의 꿈 리스트 가운데 한 가지 항목 정도를 목표로 정하여, 그것을 이루기 위한 과정목표, 행동목표를 세울 수 있도록 도와주시기 바랍니다. 부모님도 아이와 함께 목표를 세워 보시기 바랍니다.

◉ 속담 '구슬이 서 말이어도 꿰어야 보배' 라는 말의 의미를 적어보세요.

<u>아무리 좋은 것이 많아도 그것을 쓸모 있게 다듬고 정리해야 가치가 있다.</u>

우리에게 아무리 많은 능력과 강점이 있어도 제대로 표현하고 소개하지 못한다면 원하는 것을 얻기 힘듭니다. 위 속담은 자신을 효과적으로 표현하는 포트폴리오 중요성을 잘 표현하고 있습니다.

◉ 아래 문제에 맞으면 ○, 틀리면 X를 표시하세요.

- 포트폴리오는 정해진 형식대로 작성되어야 한다. (X)
  : 포트폴리오에 기재되는 내용은 비슷할 수 있어도 개성을 살려 여러 형식으로 작성 가능합니다.

- 포트폴리오 작성이 자기이해에 많은 도움이 될 수 있다. (O)
  : 자신의 성과 기록을 정리하고 작성하면서, 자신의 여러 긍정적인 모습을 재발견할 수 있습니다.

1. 포트폴리오

1) 포트폴리오는 자신의 성과를 보여주며, 목표와 가치관을 반영합니다. 그리고 자신이 갖고 있는 지식, 기술, 장점 등을 보여줌으로써 얼마나 가치 있는 존재인지 말해주는 수단이기도 합니다. 우리 모두는 저마다 꿈을 간직하고 있고, 어쩌면 그 꿈을

이루기 위해 여러 단계를 거쳐 왔거나 성공과 실패의 경험을 반복해왔고, 앞으로도 그럴 것입니다. 이제 꿈을 꾸는 아이들에게도 자신의 이해가 어느 정도 이루어졌다고 생각될 때 자신을 좀 더 체계적으로 알고 또, 다른 사람에게도 알리는 방법을 알려주기 위해 포트폴리오를 작성하도록 지도와 격려바랍니다.

2) 포트폴리오 작성의 이점

① 자신감을 쌓는데 더없이 효과적이다.

사람들은 자신이 성취한 성과들을 과소평가하는 반면 자신의 결점에 대해서는 크게 생각하는 경향이 많습니다. 실제 자신을 가장 하찮게 여기는 사람은 바로 자기 자신인 경우가 많다고 합니다. 포트폴리오는 그 동안 쌓아온 발전과 업적들을 살피게 도와주므로 자신감을 키우는데 상당히 효과적입니다.

② 다른 사람들에게 긍정적인 모습을 효과적으로 보여줄 수 있다.

포트폴리오를 보는 사람들은 실제로 작성자를 대단히 높게 평가하는 경향이 있습니다. 그 이유는 포트폴리오가 객관화된 자료들로 구성되어있고 개인의 특성과 성과를 보여주기 때문입니다. 또한 한 부분에서 보여주는 것이 아닌 다각적인 의견을 반영한 것이라 작성자를 이해하는 단초를 마련해 줍니다. 자격증, 상장, 추천서, 감사패나 감사편지 등 다른 사람들이 작성자를 어떻게 평가했는지를 보여주는 자료를 활용하도록 합니다.

③ 자기주도적인 성장을 돕는다.

포트폴리오를 작성한다는 것 자체가 이미 급변하는 세상에서 자신을 되돌아보며 새로운 도전에 임할 준비를 하는 사람임을 입증합니다.

2. 진로 포트폴리오

자신의 진로를 탐색하기위한 다양한 활동과 그에 따른 결과를 통해 포트폴리오를 작성해봅니다. 학생들은 성인들과는 상대적으로 전문성이 부족하고, 성과가 적을　경우가 많습니다. 따라서 미래를 준비하는 마음가짐, 가치관, 능력이나 성격 등을 보여줄 만한 예시 자료와 글을 준비하도록 지도합니다.

1) 나만의 포트폴리오

① 보기 좋은 떡이 먹기도 좋다.

- 아무리 좋은 내용이어도 구성이 산만하고 자료가 보기 쉽게 눈에 들어오지 않으면 보는 사람에게 좋은 인상을 줄 수 없습니다.

  최대한 이해하기 쉽게 통일된 형식으로 항목별로 정리합니다. 가급적 도표나 사진, 자료 등을 첨부하여 구별하기 쉽게 정돈하면 좋습니다.

② 스토리를 만들어라.

- 여러 자료를 독립적으로 사용하기보다 하나의 이야기가 되도록 구성한다면 매우 매력적인 포트폴리오가 됩니다. 구성 뿐 아니라 제목이나 내용이 물 흐르듯 통일성과 연관성을 갖추도록 합니다.

  예를 들어 제목을 '멈추지 않는 열정'으로 정했다면, 관심분야를 위해 얼마나 많은 노력과 도전을 통한 성취 결과를 보여주고 그에 대한 자신의 비전으로 마무리한다면 좋은 이야기를 가지게 됩니다. 이와 같이 주제에 따라 내용이 분산되지 않고 일관적으로 구성하여 하나의 완전한 이미지가 되도록 합니다.

③ 브랜드화 하라.

- 포트폴리오는 자신의 개성을 말할 수 있는 독특한 구성이나 내용을 가져야 합니다. 소제목이나 목차를 정할 때에도 자신의 색깔을 나타내는 단어를 골라 브랜드화 하도록 도와줍시다.

2) 준비할 내용

① 흥미와 적성, 성격과 가치관을 검사한 자료를 모아 자신을 적절하게 표현할 말을 찾아 요약해 적어봅니다.

② 취득한 각종 자격증과 증명서, 상장, 추천서 및 평가 기록 등을 모읍니다.

③ 자신의 강점이나 비전을 생각합니다.

④ 관심 직업에 대한 조사와 향후 10년 후를 예상하고 자신의 비전을 세웁니다.

⑤ 자신을 효과적으로 소개할 구성방법을 생각합니다.

⑥ 손글씨 작성이나 워드 또는 ppt 프로그램, 웹사이트 등 다양한 방법을 생각하며, 본인이 잘 할 수 있는 것으로 정합니다.

* tip *

▶ 커리어넷이나 워크넷 등에서 자기이해 검사를 실시한 후 결과를 그대로 표기하는 것보다 자신이 생각하는 것과 일치하거나 강조하고 싶은 것들을 표현하는 말을 선택하여 적습니다. 예를 들어, 흥미검사에서 기업형, 사회형(E, S형)이 나왔다면 해석내용을 그대로 쓰지 말고 '사람들과 더불어 따뜻하게 지내며, 어려운 일에 앞장서서 일을 헤쳐 나갈 수 있는 사람' 이라고 자신을 표현하는 말로 풀어 씁니다.

　'자기 소개'라는 딱딱한 제목보다 '남이 말하는 나', '내가 아는 나', '검사로 아는 나' 등으로 표현하면 더 부드럽고 친근하게 느껴집니다. 또한, '자격증'이나 '수료증'이라는 제목보다 '내 꿈의 발판'이라는 제목 등으로 만들어 본다면 좀 더 설득력 있고 준비가 된 포트폴리오가 될 수 있습니다.

▶ 내가 관심을 가지고 있거나, 간절히 원하는 직업이 자기 이해 검사 결과에 없을 수 있습니다. 이때 자기이해검사 결과보다 중요한 것은 자신이 되고자하는 열망과 꿈을 향한 의지입니다. [나의 특성을 종합한 진로탐색]을 작성 시 검사하기 전 자기가 생각하는 자신의 특성과 맞거나 정말 원하는 직업이 있다면, 검사결과에서 제시하는 직업과 비교해서 알아보면 진로 설정에 도움이 됩니다.

　교재 제6장 '내일의 내 일' 단원에서 작성한 내용과 커리어넷이 제공하는 정보를 참고하여 작성해봅니다.

【나의 특성을 종합한 진로탐색】

◆ 지금까지 수행한 나의 특성을 정리해 봅시다.(우선순위 3가지 선택)

특성요인	나의 특성		적합한 직업(선택)
검사 하기 전 특성	조용하고 말이 없고 혼자 있는 것과 혼자 다니는 것을 좋아한다. 고집이 있으며 틀에 얽매이지 않고 자유로운 것을 좋아한다.	1위	교사
		2위	상담가
		3위	사서
홀랜드 검사	사회형 (S) 관습형 (C)	친절하고 이해심이 많고 활동적이고 표정이 밝음 책임감이 강하고 계획성이 있고 인내심이 많고 계산을 잘 함	1위	초등 교사
		2위	방송 아나운서
		3위	스튜어디스
MBTI 검사	I (내향형) S (감각형) F (감정형) J (판단형)	책임감이 강하고 온정적이며 헌신적 침착하며 인내력이 강하다. 자신과 타인의 감정에 민감하며 현실감각을 갖고 실제적이고 규칙적으로 처리한다.	1위	상담교사
		2위	물리치료사
		3위	비서
다중지능 검사	자기성찰 G 인간친화 F	특정한 활동에 대한 결심 선호의 유형이며 고집을 잘 표현한다. 스스로의 감정과 약점을 명확히 인식하여 다른사람에 대한 강점 이힘이 뛰어나며 다른사람의 느낌에 민감하다	1위	심리학자
		2위	사회복지사
		3위	어린이집 교사
직업 가치관	몸과마음의여유 직업안정 자율	건강을 유지할 수 있으며 스트레스를 적게 받고 여가만큼의 여유를 가질 수 있어 안정적으로 일하여 안정적인 수입을 중시하는 가치 자율적으로 업무를 해나가는 것을 중시하는 가치	1위	교사
		2위	약사
		3위	광고 전문가

◆ 위의 5가지영역을 종합하여 자신의 특징을 정리하고 적합한 직업을 높은 점수별로 3가지를 선택해 보세요.

종 합 (나는 이런 사람입니다.)	책임감이 강하고 친절하며 이해심이 많고 계획성이 있음. 타인의 감정에 민감하며 현실감각을 갖고 안정적으로 일하며 자율적으로 업무을 해나가는 것을 중시함	1위	상담 교사
		2위	사회복지사
		3위	광고전문가

◆ 위에서 선정한 3가지 관심 직업을 자신의 특성에 맞추어 평가해 보세요.
매우적합⑤조금적합④보통③조금부적합②매우부적합① 의 점수를 주어 평가합니다.

구 분	평가표														
	직업1					직업2					직업3				
삶의 목표	5	④	3	2	1	5	④	3	2	1	5	④	3	2	1
부모님의 뜻	5	④	3	2	1	5	④	3	2	1	5	④	3	2	1
능력	5	4	③	2	1	5	4	③	2	1	5	4	③	2	1
흥미	5	④	3	2	1	5	4	③	2	1	5	④	3	2	1
성격	5	④	3	2	1	5	4	③	2	1	5	④	3	2	1
가치관	5	④	3	2	1	④	4	3	2	1	5	4	③	2	1
합계	23					21					22				

분석항목	선택1 【상담교사】	선택2 【사회복지사】	선택3 【광고전문가】
핵심능력	언어능력, 자기성찰 능력, 대인관계능력	언어능력, 자기성찰 능력, 대인관계능력	
유사직업명	상담가, 청소년 상담가, 상담지도사, 심리치료사	사회사업가	영화전문홍보가
관련학과	가족복지과, 교육심리학과, 노인복지학과, 사회복지학과	가족복지과, 사회복지상담과, 청소년지도학과, 특수교육학과	경영학과, 광고기획과, 광고홍보학과, 신문방송학과
하는일	· 상담전문가는 성격, 적성, 지능, 진로 및 신체적·정서적 증상 등에 대해서 어려움을 겪고 있거나 진로를 모색하는 개인에게 심리검사, 상담프로그램 등을 활용하여 문제해결을 돕고 지원한다. · 성격, 적성, 진로 등에 대해 상담을 원하는 개인과 대화를 통해 문제를 파악하는 전문가	· 사회복지사는 청소년, 노인, 여성, 장애인 등 다양한 사회적·개인적 욕구를 가진 사람들의 문제에 대한 사전의 예방을 통해 문제해결을 돕고 지원한다. · 사회적·개인적 문제로 어려움에 처한 의뢰인을 만나 그들이 처한 상황과 문제를 파악하고 문제를 처리, 해결하는 데 필요한 방안을 찾기 위해 관련 자료를 수집·분석하여 여건을 제시한다.	· 광고 및 홍보전문가는 광고물을 제작하고 광고행사를 기획하거나 상품 판매전략 수립 및 홍보물을 제작한다. · 광고전문가는 광고할 상품이나 용역에 관해 조사 분석하며 광고기획서를 작성한다. 광고의 제작방향과 소비자의 예상수요 조정하며 상품의 현장상황, 시장상황, 판매기간 등에 대한 자료와 광고대행사에 대한 정보를 분석하여 광고를 제작한다
적성 및 흥미	· 문제 및 원인 파악을 위해 분석적이고 종합적 사고력이 필요하며 타인에 대한 포용력, 집중력, 통찰력이 요구된다. · 인간의 심리 및 심성에 대한 전문지식과 감정이입 및 의사소통 기술이 있어야 한다.	· 사회복지사는 다른 사람의 욕구나 행동에 적절히 대응할 수 있는 문제해결능력과 타인을 설득할 수 있는 능력이 필요하다. · 인간존중 및 사회정의에 대한 사명의식, 봉사정신이 필요하며 상대방에 대한 배려와 협동심, 원만한 대인관계를 유지시킬 수 있는 의사소통 능력이 요구된다.	· 광고 및 홍보전문가는 창의력과 예술적 감수성이 있어야 하며 광고 내용 조사나 자료 분석을 위해서도 많이 다루기 때문에 수리능력도 갖추어야 한다. · 탐험을 바탕으로 광고주·제작자 등을 원만한 인간관계로 유지할 수 있도록 유대관리, 친화력이 요구된다
취업방법	· 상담전문가가 되려면 대학교 졸업이상의 학력이 필요하며 대학에서 심리학과, 가족사회복지과, 교육학과, 유아교육학과, 아동학과, 청소년복지학과, 특수교육학과 등을 전공하는 것이 유리하다.	· 사회복지사가 되려면 한국사회복지사협회에서 인정하는 사회복지사 자격증이 필요하다. 1, 2, 3급 자격증은 자격 요건이 되면 취득할 수 있으나 1급은 국가시험에 합격해야 한다.	· 광고회사의 신입사원 채용시 보통 전공에 제한이 없기 때문에 이전공자도 다양한 반영들을 통해 관련 직업을 찾아 진출할 수 있다.
준비방법	· 국가자격증으로는 전문상담교사나 한국청소년상담원에서 시행하는 청소년상담사 (1, 2, 3급)자격증이 있으며 민간자격증으로는 한국상담심리학회의 상담심리사 (1, 2급)이 있다.	· 사회복지사가 되기 위해서는 전문대학, 대학교, 대학원 등에서 사회복지학, 사회사업 등 관련학과를 전공하면 유리하다. · 관련자격증으로는 사회복지사 (1, 2, 3급)가 있다.	· 광고 및 홍보전문가가 되기 위해서 특별한 전공의 제한은 없으나 경영학, 신문방송학, 연극영화학, 광고홍보학, 심리학, 사회학 계열의 전공자가 많이 활동하고 있다. · 학원 등에서 광고 및 홍보전문가가 되기 위한 훈련을 받을 수 있다.
직업전망	· 빠르게 변동하는 환경으로 인해 사람들에게 심리적 문제가 많이 발생하고 있어 이를 해결하고 도와줄 수 있는 상담전문가가 포함된 상담전문가나 청소년 지도사에 대한 수요가 증가함에 따라 향후 일자리 전망 영역의 점수가 평균보다 높게 나타났다.	· 특히 빠르게 고령화가 진행됨에 따라 발생하는 노인문제와 실버 · 노인여가 재활교육 및 광고분야 가정이나 사회에서의 수요 증가와의 예측원에서 청소년 문제나 장애 인구의 증가 등으로 인해 복지, 광고 등 다양한 사회분야에서 사회복지사의 수요가 증대된 점을 종합해보면 사회복지사의 일자리 전망이 평균보다 높게 나타났다.	· 제품과 서비스 광고에 있어 국내 및 국제경쟁이 심화되고 있고 광고와 홍보의 영역이 기업 및 개인의 이미지, 브랜드로 확대되고 있다. · 특히 IT산업의 급격한 발달로 수요가 늘어나고 있고 기업들이 내부에서 광고기획을 하는 경우도 증가하고 있다.

【내가 선택한 직업분석】

직업명	임상 병리사
핵심 능력	언어능력, 수리논리력, 대인관계능력 등.
유사 직업명	X.
관련 학과	임상 병리과, 임상 병리학과
하는 일	• 임상병리사는 질병의 예방이나 진단 치료를 돕기 위하여 환자의 혈액, 소변, 체액, 조직 등을 이용하여 각종 화학적 검사를 수행하고 분석한다. • 염료, 착색 등의 기법을 적용하여 인체의 기관, 조직, 세포, 혈액, 뇨액 등의 검사물을 검사하고, 검사 완성 신청한다. • 감염여부를 조사하고, 동원체에 대한 각종약품 의 효과를 판단하기 위하여 혈액형, 관혈시약제, 혈액세포검사 등의 실험기구를 조정, 조작한다. • 진단 화학 검사, 미생물 검사, 수혈 의학검사, 진단혈액 유전검사, 면역 혈청 검사 등을 통해서 질병의 원인을 찾아낸다. • 인체의 기관, 조직, 세포, 혈액, 분비액 등의 여러가지 검사물에 대해 현미경 등의 실험기구나 시약을 사용하여 검사 분석하여 질병의 여부, 혈액형의 검사, 혈구 수 계측 등을 한다. • 검사물 시약을 제조하고, 혈액을 분리하거나 제도·조작하고 보관하며, 그 검사나 실험 과정을 정확하게 기록하여 의사들에게 제공.
적성 및 흥미	• 현미경의 사고력과, 여러가지로 다룰수 있는 능력이 필요시 된다. • 미세한 세포, 미생물들은 건강이 좋아야 하므로, 생명이면 안된다. • 섬세하고 꼼꼼한 성격이 유리하고, 정적이고 반복적 인 일을 수행하므로 근기가 필요하다. • 관습형과 탐구형의 흥미를 가진 사람에게 적합하며, 꼼꼼함, 신뢰성, 협동 등의 성격을 가진 사람들에게 유리하다.
취업 방법	• 4년제 대학 졸업 및 전문대학 임상병리에서 졸업후, 국가에서 실시하는 임상병리사 시험 합격후 면허를 취득하면 한다. • 취득후, 인간종합병원 대학병원 종합병원, 종합 검진센터, 한방병원들의 임상검사실, 기부(2차)병리와 핵의학과, 독성연구소, 건강 관리과, 등의 검사실, 연구 연구력, 독극과 진단기관 등 의료기관에 많이 진출한다. • 보건기관의 임상병리 검사실, 반역과 의약과에도 진출하며, 또한 보건복지부, 국립보건원, 도 지방청 등에서 보건직 공무원으로 근무할 수 있으며, 임상병리와 의원과 자연과학의 전반적 분야로서 연구업무를 수행하는 제약회사나 공직으로나, 학생 및 개발직이나 임상병리 의료기관 부설 연구소, 의과대학 연구소, 생물공학 연구소 등의 연구원등으로 진출가능. 각 연구소에서 안의학과의 검사 이상의 화학의 진단.
준비 방법	★ 정규 교육과정 • 4년제 대학 및 전문대학에서 '임상 병리학' 전공 • 임상 병리학: 생물학이나 화학, 물리들의 자연다운 지식을 기본로 병리학, 생리학, 미생물학, 해부학 등의 기초학문을 공부하고, 임상 미생물학, 혈액학 검사, 임상 혈액학, 임상화학 및 수혈의학 등 전공과정 공부, 실습. ★ 관련 자격증 • 임상병리학과를 졸업후, 한국보건의료인국가 시험원 에서 매년 1회 실시하는 임상병리사 국가시험이 합격관리, 보건복지부 장관 면허를 면허를 부여 받아야함.
직업 전망	• 최근 의료장비가 첨단화, 자동화로 인하여 임상병리사에 대한 수요가 줄어드는 두께마다 하지만 자격증 취득자가 늘어나 취업경쟁이 심화되어, 인력의 전망은 다소 낮다. • 임상병리사는 수입과 직장 이동성의 수준이 낮기 때문에 발전가능성이 낮다. (가능성) • 반면 근무시간은 짧고 규칙적이며, 대우와 단정한 스트레스·수준이 낮아서 근무여건이 좋다.

【나의 성장 이력】

자격증 및 상장	* 같은 영역의 상장과 자격증으로 묶으면 좋습니다.
성장 시 특이사항	* 긍정적이고 강점이 될 수 있는 사건이나 경험을 적습니다.
다양한 활동경험	* 캠프나 동아리활동, 방과후 활동 등을 적습니다.
좋아하는 목이나 분야 이유	예) 수학 : 공식이 나오는 과정이 흥미롭고, 그 공식에 대입해 b문제를 풀면 답이 나올 때 매우 상쾌하다.
실패한 일	* 새해 결심 등 사소하다고 생각하는 일상이지만 자신의 목표를 이루지 못한 것을 적어봅니다.
실패 후 깨달은 점 or 성공으로 바꿈	* 매우 중요한 사항이니 되도록 자신이 깨닫고 바꾸려고 노력한 내용을 구체적으로 쓰도록 합니다.
10년 후 비전	* 자신의 꿈을 이루는 중에 하나씩 이뤄가는 과정입니다. 자신이 직접 적은 것을 자주 보면 이뤄진다고 하니 자신의 포부를 마음껏 적습니다.
20년 후 비전	

〈저학년 활동 예시〉

두근두근

진로

포트폴리오

★ 나를 찾아 떠나는 여행 ★

▶ 지피지기 백전불태(知彼知己 百戰不殆)
 – 상대를 알고 나를 알면 백 번 싸워도 위태롭지 않다.

▶ 왜 자꾸 남이 하는 일만 선망하는가?
 당신 자신이 되어라 다른 사람의 자리는 모두 찼다
 – 김난도

_____ 의 뇌구조

여러분이 요즘 좋아하는 것은 무엇인가요? 좋아하는 과목이나 활동은 무엇인가요? 요즘 들어 부쩍 관심 가거나 고민하는 것들을 자유롭게 써 보도록 합니다.

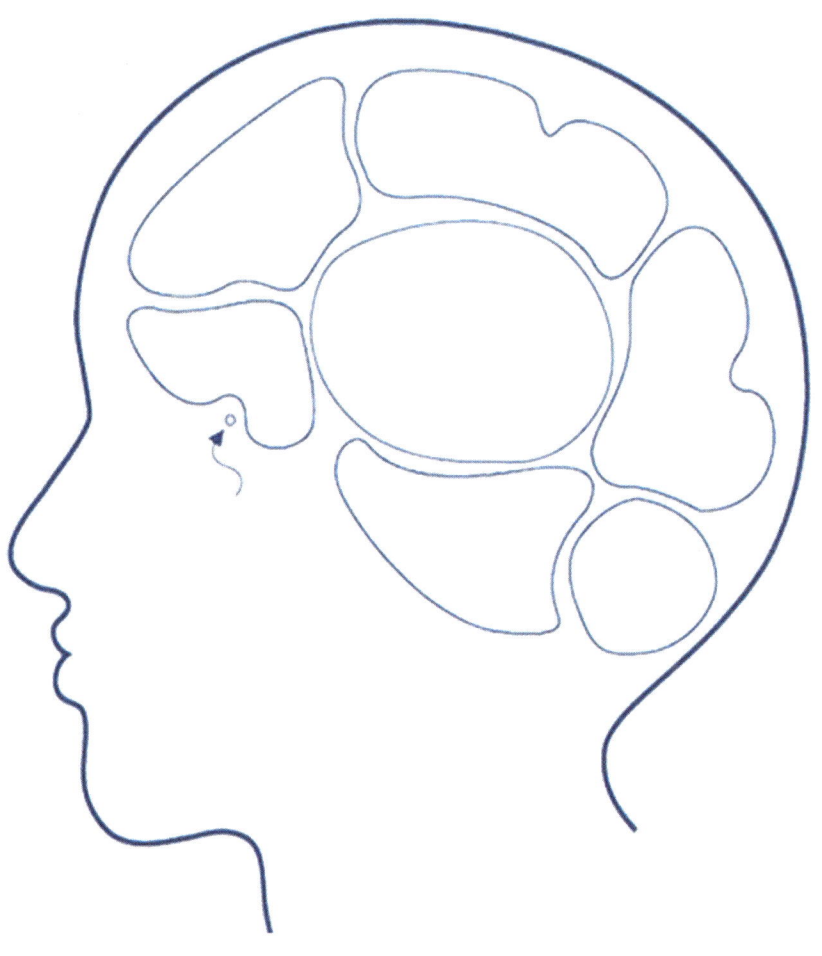

_____ 의 뇌구조

여러분이 요즘 좋아하는 것은 무엇인가요? 좋아하는 과목이나 활동은 무엇인가요? 요즘 들어
부쩍 관심 가거나 고민하는 것들을 자유롭게 써 보도록 합니다.

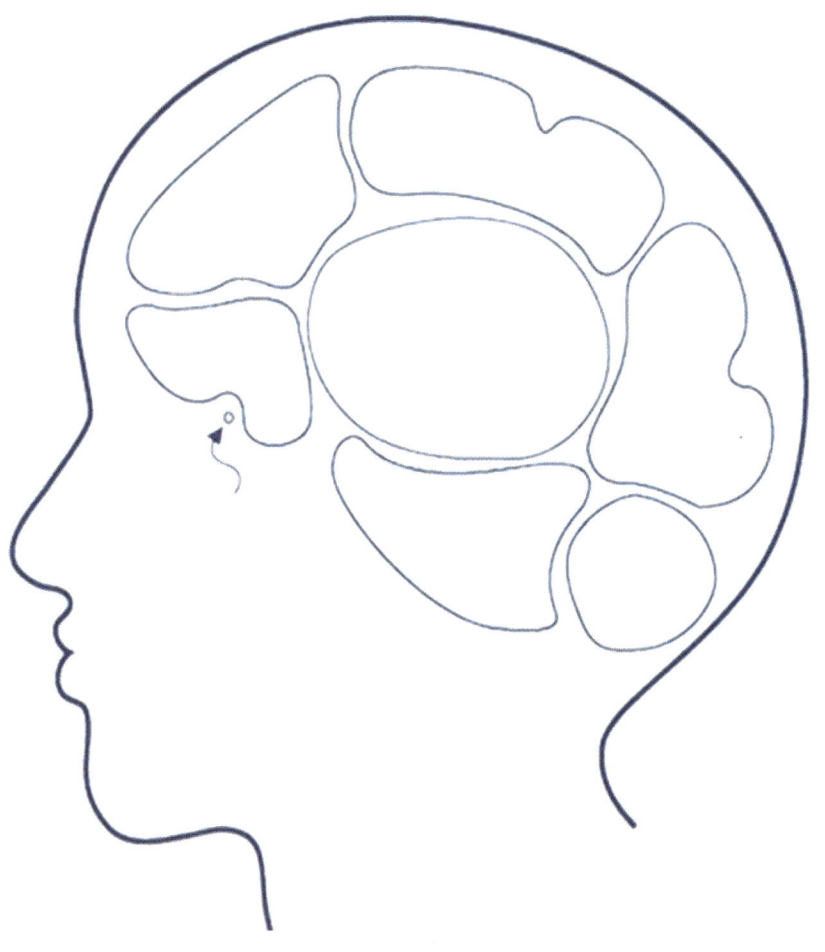

_____ 의 뇌구조

여러분이 요즘 좋아하는 것은 무엇인가요? 좋아하는 과목이나 활동은 무엇인가요? 요즘 들어 부쩍 관심 가거나 고민하는 것들을 자유롭게 써 보도록 합니다.

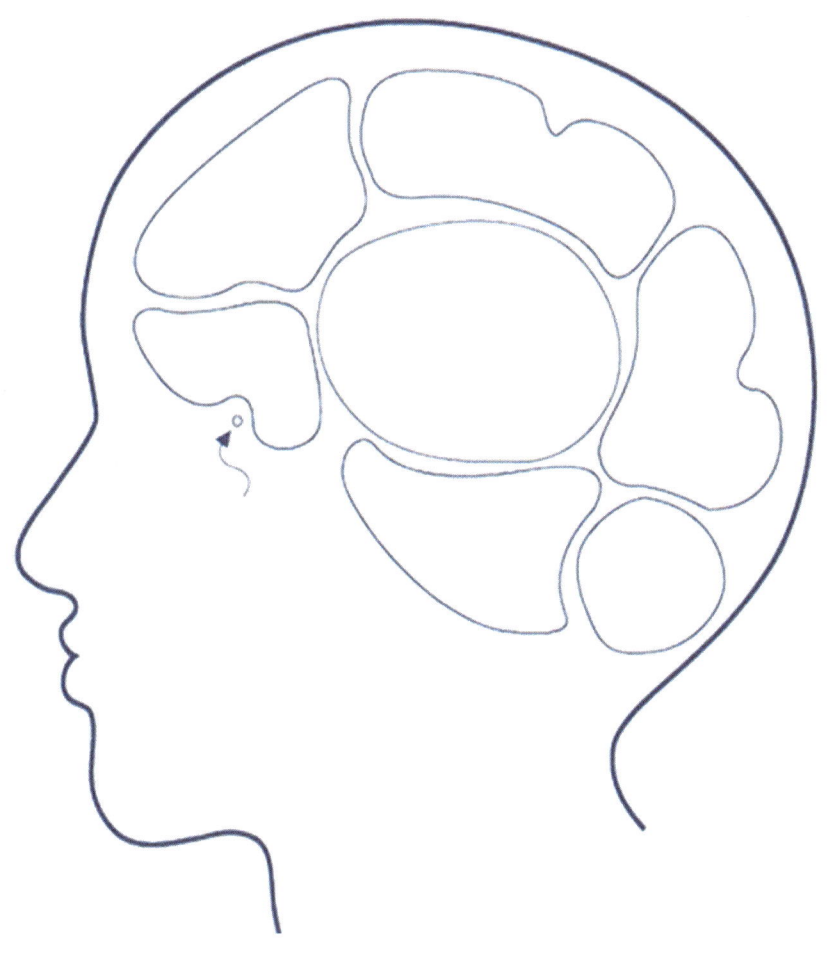

〈진로 흥미 간이 검사〉

다음 질문은 진로 흥미를 알아보는 것입니다.

각 분야에 대해서 어느 정도 좋아하고, 잘 하는지 해당되는 칸에 표시하세요.

① 전혀 그렇지 않다. ② 별로 그렇지 않다. ③ 약간 그렇다. ④ 매우 그렇다.

	좋아한다	분야
R 유형 실재형	① ② ③ ④	자동차와 관련된 일
	① ② ③ ④	운동 등 몸을 움직이는 일
	① ② ③ ④	동물을 돌보는 일
	① ② ③ ④	모형을 조립하거나 만드는 일
	① ② ③ ④	컴퓨터나 기계를 다루는 일
	① ② ③ ④	실외(바깥)에서 일하는 것
		점수 합계

	좋아한다	분야
I 유형 탐구형	① ② ③ ④	퍼즐(문제) 맞추기
	① ② ③ ④	실험하기
	① ② ③ ④	과학과 관련된 연구하기
	① ② ③ ④	수학문제 푸는 일
	① ② ③ ④	관찰, 발견하는 일
	① ② ③ ④	문제, 상황, 경향 등을 분석하는 일(따져보는 일)
		점수 합계

	좋아한다	분야
A 유형 예술형	① ② ③ ④	독립적으로(혼자서) 일하는 것
	① ② ③ ④	예술 또는 음악에 대한 책을 읽는 것
	① ② ③ ④	창조적으로(남과 다르게) 일하기
	① ② ③ ④	그림 그리기
	① ② ③ ④	악기를 연주하거나 노래하는 일
	① ② ③ ④	글쓰기
		점수 합계

S 유형 사회형	좋아한다	분야
	① ② ③ ④	사람들을 가르치거나 교육하는 것
	① ② ③ ④	다른 사람의 문제해결을 돕는 것
	① ② ③ ④	조직을 만들어 함께 일하는 것
	① ② ③ ④	사람들을 편안하고 즐겁게 해주는 일
	① ② ③ ④	사람들을 돕는 일
	① ② ③ ④	사람들을 위로하기
		점수 합계

E 유형 기업형	좋아한다	분야
	① ② ③ ④	자신의 목표를 세우는 것
	① ② ③ ④	자신의 목표를 세우는 것
	① ② ③ ④	사람들을 설득하거나 영향을 주는 것
	① ② ③ ④	물건 파는 일
	① ② ③ ④	새로운 책임을 맡는 것
	① ② ③ ④	연설하기
		점수 합계

C 유형 관습형	좋아한다	분야
	① ② ③ ④	컴퓨터로 문서를 만드는 일
	① ② ③ ④	서류, 사무실 등을 정리하는 것
	① ② ③ ④	하루 생활을 짜임새 있게 계획하는 일
	① ② ③ ④	명확한 지시사항이 있는 일 하기
	① ② ③ ④	숫자나 그림을 이용하는 일
	① ② ③ ④	사무실 안에서 일하는 것
		점수 합계

높은 점수가 나온 유형 2가지를 적어 보세요.

☞ 좋아한다 : ① (　　　　　) ② (　　　　　)

각 유형 별 점수를 합하여 육각형에 표시하세요~

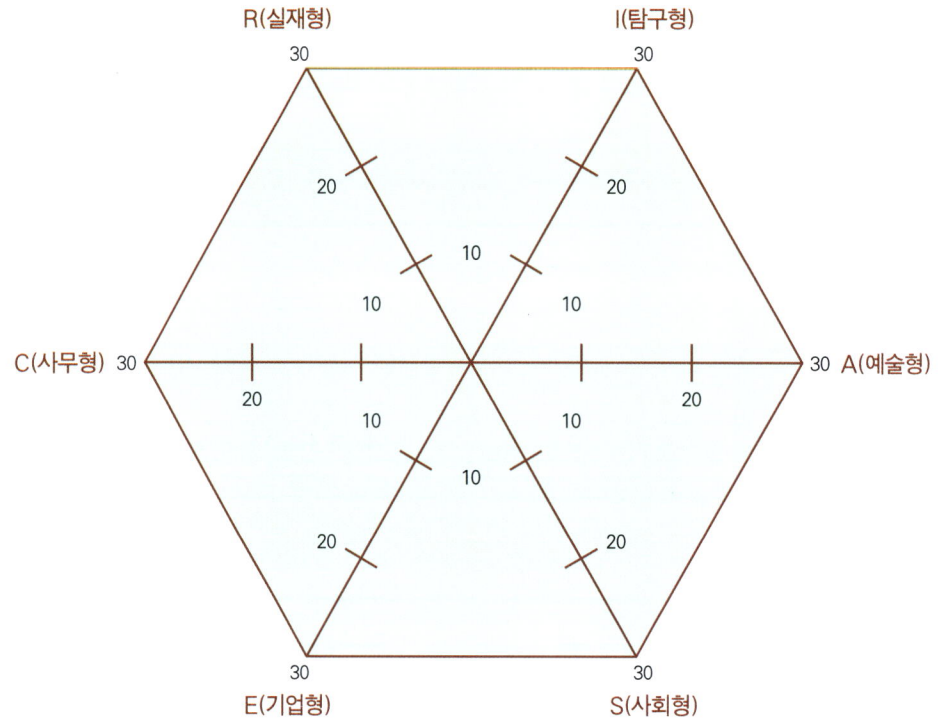

내 흥미유형 _____을 말해주지!

질문	대답
자신의 유형을 살펴보고 사물로 표현한다면? 이유도 적어보세요.	
딱 맞는 속담 찾기	
자신의 유형을 말하는 노래는 무엇일까요? (좋아하는 노래 개사 가능)	
어떤 종류의 일을 찾나요? 또는 원하는 일의 성격은 무엇인가요?	
입고 싶은 옷 스타일은?	

홀랜드 검사로 본 나의 성격 유형

	유형	특징
1순위		
2순위		
관심직업		

우리 가족의 성격 유형 추측해 보기

가족	유형	이유

다중지능으로 알아보는 나의 적성

커리어넷(www.career.go.kr)의 직업적성검사(다중지능 검사)결과 나의 적성과 그 특징은 무엇인지 정리해 보세요.

적성(강점지능)	특징
①	
②	
③	

- 지능별 특징과 관련한 활동을 하면 강점지능은 더 강하게 발달하고, 약점지능은 보완하여 개발할 수 있음

커리어넷 검사결과 나의 강점지능에 어울리는 추천직업 중 관심직업(2~3가지)은 무엇인지 정리해 보세요.

주요적성 (강점지능)	추천직업	나의 수준 (보완해야 할 능력)
①		
②		
③		

나의 직업가치관 알아보기

커리어넷을 활용하여 직업가치관 검사 후 결과지를 참고하여 자신이 중요시 여기는 가치관에 숫자로 우선순위를 적어보세요.

순위	직업가치관	특징
	능력발휘	나는 능력을 충분히 발휘할 수 있을 때 보람과 만족을 느낀다.
	자율성	나는 어떤 일을 할 때 규칙, 절차, 시간 등을 스스로 결정하길 원한다.
	보수	나는 충분한 경제적 보상이 매우 중요하다고 생각한다.
	안정성	나는 매사가 계획한대로 안정적으로 유지되는 것을 좋아한다.
	사회적 인정	나는 다른 사람들로부터 나의 능력과 성취를 충분히 인정받고 싶어 한다.
	사회봉사	나는 사람, 조직, 국가, 인류에 대한 봉사와 기여가 가능한 직업을 선택할 것이다.
	자기계발	나는 항상 새로운 것을 배우고 스스로 발전해 나갈 때 만족을 느낀다.
	창의성	나는 예전부터 해오던 것 보다는 새로운 것을 만들어 내는 것을 매우 좋아한다.

참고 : 커리어넷(www.career.go.kr)

직업가치관 검사 결과를 참고하여 자신의 직업가치관 우선순위에 따른 추천직업 중 관심직업을 3개씩 정리해봅시다.

나의 직업우선가치	추전직업(학력별)	추천직업(전공별)
1.		
2.		

▶ 세상에 천한 직업은 없으며, 다만 천한 사람이 있을 뿐이다. –링컨/ 미국의 정치가

▶ 부자도 가난한 사람동, 강한 자도 약한 자도, 놀고먹는 시민은 모두 사기꾼이다.
  –루소/ 프랑스의 사상가.문학가

▶ 일하는 고통이야말로 참된 기쁨이다. –마리니우스/ 로마의 저술가

▶ 일하는 것은, 인간에게 있어서 먹고 자는 것보다 더 필요하다. –훔볼트/ 독일의 언어학자

직업빙고판

직업의 이름을 아는 대로 쓰고 빙고 게임을 해봅시다.

※ 3줄 빙고, ㄱ자 빙고, X자 빙고 등 미션을 정하면 더욱 재미있습니다.

관심직업 조사하기

커리어넷 직업정보 카테고리를 클릭하여 관심직업을 검색란에 입력하고 아래항목에 따라 정보를 정리해 보세요.
- www.career.go.kr → 직업·학과정보 → 직업정보 → 검색란에 직업 입력 → 검색직업 클릭

작업명	1.	2.
하는 일		
핵심 능력		
흥미와 적성		
준비방법		
(취업현황 및 문의기관 클릭)		
직업전망		
관련자격증		

다양한 직업의 세계

현재를 기준으로 과거에 있었지만 사라진 직업과 과거에는 없었지만 새롭게 생긴 직업을 써 보세요.

다음 직업은 어떤 일을 하는 직업인지 자유롭게 생각해서 작성해 보세요.

부루 마스터	
장제사	
변리사	
도선사	
소믈리에	

이색직업 알아보기

이색 직업에 관한 설명을 읽고 <보기>에서 해당 직업을 찾아 괄호에 답을 쓰세요.

> **보기**
>
> ⓐ쇼콜라티에 ⓑ네이미스트 ⓒ아쿠아리스트 ⓓ캘리그라퍼 ⓔ조향사 ⓕ큐레이터
> ⓖ작업치료사 ⓗ기상컨설턴트 ⓘ웃음치료사 ⓙ아트워크 매니저 ⓚ도선사

① 기업명이나 상표 등 전문적으로 이름을 짓는 직업 (   )

② 초콜릿을 만들고 초콜릿을 이용해 예술작품까지 만듦 (   )

③ 붓을 이용해 헤드라인, 타이틀, 로고 등의 글씨를 써서 작품화 함 (   )

④ 대형 수족관에서 수중생물을 관리, 전시회 등을 기획 함 (   )

⑤ 미술관의 모든 일들을 처리하고 수행하는 사람 (   )

⑥ 여러 가지 향료를 섞어 새로운 향을 만들거나 제품에 향을 덧입힘 (   )

⑦ 날씨 정보를 제공하고 이를 다양하게 활용할 수 있도록 도와주는 직업 (   )

⑧ 신체적 정신적으로 기능이 저하된 사람이 정상적인 생활을 할 수 있도록 다양한 적응 훈련
   을 돕는 직업 (   )

⑨ 화보집 촬영을 위해 카메라 앵글 앞에 선 모델들의 포즈를 전문적으로 지도하는 직업 (   )

⑩ 웃음으로 사람의 마음을 건강하고 즐겁게 하며 그 영향으로 몸이 건강해지도록 돕는 직업
   (   )

⑪ 선박들이 오가는 바다 위에서 항만에 입 출항하는 선박에 탑승해 선박을 부두까지 안전하
   게 인도하는 직업 (   )

미래의 직업세계

앞으로 10년 안에 사라질 것 같은 직업을 예측해 보세요.

사라질 직업	하는 일	사라질 것으로 예측되는 이유

앞으로 유망할 것 같은 직업을 예측해 보세요.

유망직업	하는 일	유망하다고 하는 이유

내가 만드는 미래직업

내가 만드는 미래직업! 미래에 생길 것 같은 직업카드를 만들어 보세요.

직업의 이름 :

하는 일 :

자격 :

어떤 사람에게 어울릴까?

위의 직업을 그림으로 표현해 보세요.

★ 꿈의 키를 높여라! ★

▶ 오랫동안 꿈을 그리는 사람은 마침내 그 꿈을 닮아간다. -앙드레 말로

▶ 나는 꿈과 소망이 없는 자들 사이에서 군주가 되기보다는, 실현시킬 포부를 지닌 가장 미천한 자들 사이에서 꿈을 꾸는 사람이 되는 쪽을 선택하리라. -칼릴 지브란

나의 꿈 목록

가고 싶은 곳

만나고 싶은 사람

갖고 싶은 것

하고 싶은 것

나의 꿈 목록

가고 싶은 곳

만나고 싶은 사람

갖고 싶은 것

하고 싶은 것

비전선언서 만들기

_____ 의 비전선언서

나는 _____
(언제까지)

_____ _____로써,
(어떠한)   (직업 또는 일)

_____에게
(어떤 사람들에게)

_____ 사람이 되겠다!
(줄 수 있는 가치와 보람 ~하는, ~주는)

★ 그래, 결심했어! ★

▶ 꿈을 날짜와 함께 적어 놓으면 그것은 목표가 되고,
목표를 잘게 나누면 그것은 계획이 되며,
그 계획을 실행에 옮기면 꿈은 이루어지는 것이다. -그레그 S. 레잇

▶ 매일 아침 하루 일과를 계획하고 그 계획을 실행하는 사람은 극도로 바쁜 미로같은 삶속에
서 그를 안내할 한올의 실을 지니고 있는 것이다.
그러나 계획이 서있지 않고 단순히 우발적으로 시간을 사용하게 된다면 곧 무질서가 삶을
지배할 것이다. - 빅토르 위고

3단계 목표 세우기

꿈 리스트 가운데 하나를 목표로 정하여 이상목표, 과정목표, 행동목표를 세워봅시다.
SMART기법을 활용하여 마감시간과 숫자를 넣어 구체적으로 계획해 보세요.

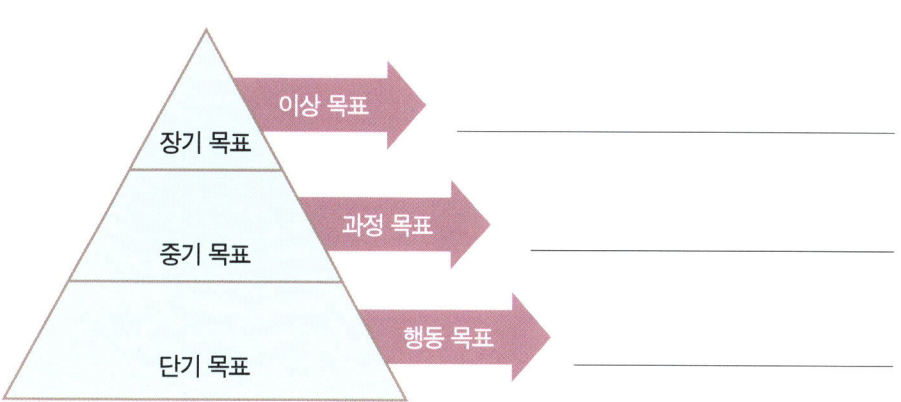

3단계 목표 세우기

꿈 리스트 가운데 하나를 목표로 정하여 이상목표, 과정목표, 행동목표를 세워봅시다.
SMART기법을 활용하여 마감시간과 숫자를 넣어 구체적으로 계획해 보세요.

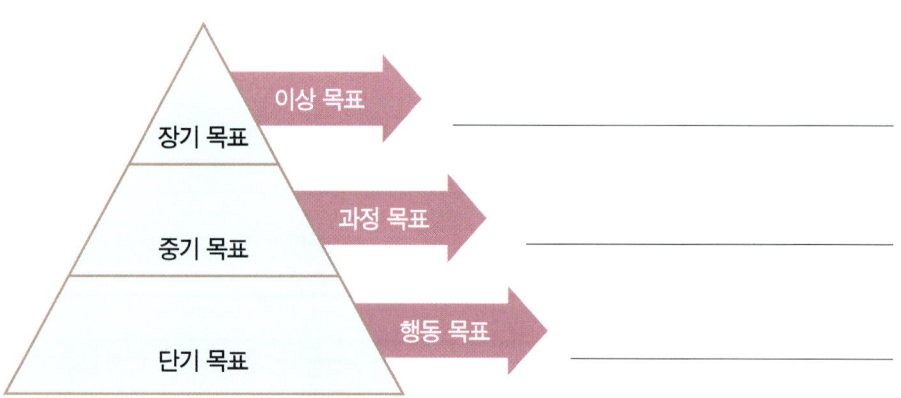

합리적 의사결정 연습

1. 문제인식/ 문제 명료화(무엇이 문제인가?)

2. 정보수집과 대안탐색(흥미, 적성, 환경, 직업에 대한 정보 등)

- 정보수집

- 대안 탐색

3. 대안 및 기준 설정

대안1) _____

대안2) _____

기준설정 ① 흥미 ② 적성 ③ _____ ④ _____ ⑤ _____ ⑥ _____

4. 대안의 평가

기준 \ 대안	대안 1.	대안 1.
흥미		
적성		

5. 그래, 결정했어!(의사결정)

합리적 의사결정 연습

1. 문제인식/ 문제 명료화(무엇이 문제인가?)

2. 정보수집과 대안탐색(흥미, 적성, 환경, 직업에 대한 정보 등)

- 정보수집

- 대안 탐색

3. 대안 및 기준 설정

대안1) _____

대안2) _____

기준설정 ① 흥미 ② 적성 ③ _____ ④ _____ ⑤ _____ ⑥ _____

4. 대안의 평가

기준 ＼ 대안	대안 1.	대안 1.
흥미		
적성		

5. 그래, 결정했어!(의사결정)

★ 나만의 포트폴리오 ★

▶ 어떤 일을 하고 싶은가 자기 스스로 찾아내고, 전력을 다해 몰두하라.
다른 사람보다 한 걸음 앞서고 싶으면, 자기 장래의 계획은 자기가 정하여야 한다. 알맞게
몰두할 수 있는 일에서, 의욕과 힘을 찾아내어 성공을 향한 길로 나아가라.
−그레이엄 벨

나의 특성을 종합한 진로탐색

지금까지 수행한 나의 특성을 정리해 봅시다.(우선순위 3가지 선택)

특성요인	나의 특성		적합한 직업(선택)	
검사 하기 전 특성			1위	
			2위	
			3위	
흥미 검사			1위	
			2위	
			3위	
성격 검사			1위	
			2위	
			3위	
직업 가치관			1위	
			2위	
			3위	

지금까지 수행한 나의 특성을 정리해 봅시다.(우선순위 3가지 선택)

종 합 (나는 이런 사람입니다.)		1위	
		2위	
		3위	

위에서 선정한 3가지 관심 직업을 자신의 특성에 맞추어 평가해 보세요.

매우적합⑤ 조금적합④ 보통③ 조금부적합② 매우부적합①의 점수를 주어 평가합니다.

구 분	평가표														
	직업1					직업2					직업3				
삶의 목표	5	4	3	2	1	5	4	3	2	1	5	4	3	2	1
부모님의 뜻	5	4	3	2	1	5	4	3	2	1	5	4	3	2	1
능력	5	4	3	2	1	5	4	3	2	1	5	4	3	2	1
흥미	5	4	3	2	1	5	4	3	2	1	5	4	3	2	1
성격	5	4	3	2	1	5	4	3	2	1	5	4	3	2	1
가치관	5	4	3	2	1	5	4	3	2	1	5	4	3	2	1
합계															

내가 선택한 직업분석 1

직업명	
핵심 능력	
유사 직업명	
관련 학과	
하는 일	
적성 및 흥미	
취업 방법	
준비 방법	
직업 전망	

내가 선택한 직업분석 2

직업명	
핵심 능력	
유사 직업명	
관련 학과	
하는 일	
적성 및 흥미	
취업 방법	
준비 방법	
직업 전망	

내가 선택한 직업분석 3

직업명	
핵심 능력	
유사 직업명	
관련 학과	
하는 일	
적성 및 흥미	
취업 방법	
준비 방법	
직업 전망	

나의 성장 이력

자격증 및 상장	
성장 시 특이사항	
다양한 경험	
좋아하는 과목이나 분야 이유	
실패한 일	
실패 후 깨달은 점 or 성공으로 바꿈	
10년 후 비전	
20년 후 비전	
후세에 나의 평가는?	

나의 성장 이력

자격증 및 상장	
성장 시 특이사항	
다양한 경험	
좋아하는 과목이나 분야 이유	
실패한 일	
실패 후 깨달은 점 or 성공으로 바꿈	
10년 후 비전	
20년 후 비전	
후세에 나의 평가는?	

나는 어떤 사람일지 궁금하지요? 지금까지 찾아 본 내 모습을 적어보세요.(저학년용)

나는 어떤 사람일지 궁금하지요? 지금까지 찾아 본 내 모습을 적어보세요.(저학년용)

내가 좋아하는 것

내가 잘 하는 것

나의 중요한 가치

나의 성격

원하는 직업

목표, 꿈

나는 어떤 사람일지 궁금하지요? 지금까지 찾아 본 내 모습을 적어보세요.(저학년용)

내가 좋아하는 것

내가 잘 하는 것

나의 중요한 가치

나의 성격

원하는 직업

목표, 꿈

두근두근
진로
이야기

초판 발행	2016년 07월 10일
초판 2쇄	2016년 12월 05일
저자	한국융합인재교육원
발행인	이진곤
발행처	씨앤톡
	출판등록 제 313-2003-00192호(2003년 5월 23일)
	주소 경기도 파주시 문발로 405(신촌동 741-2) 제2출판단지 활자마을
	전화 02-338-0092
	팩스 02-338-0097
	홈페이지 www.seentalk.co.kr
	E-mail seentalk@naver.com
ISBN	978-89-6098-454-7 13370

*이 도서의 국립중앙도서관 출판예정도서목록(CIP)은 서지정보유통지원시스템 홈페이지(http://seoji.nl.go.kr)와
국가자료공동목록시스템(http://www.nl.go.kr/kolisnet)에서 이용하실 수 있습니다.(CIP제어번호: CIP2016007840)